La aventura de mi vida

Curso de la Especialidad Ministerio Juvenil

Iglesia del Nazareno
Región Mesoamérica

**Milton Gay
Coordinador General de la Especialidad**

La aventura de mi vida
Libro de la serie "Escuela de Liderazgo"
Especialidad Ministerio Juvenil

Coordinador General de la Especialidad: Milton Gay
Asistente: Odily Diaz

Autores:
Taisha V. Hernández (Lección 1)
hantal M. Rodríguez Quiñones (Lección 2)
Patricia Navas (Lección 3)
Roberto C. López Alvarado (Lección 4)
Odily Díaz (Lección 5)
Karen Pauu (Lección 6)
Alicia Villanueva (Lección 7)
Alfredo Pérez (Lección 8)

Edición: Dra. Mónica E. Mastronardi de Fernández
Revisor: Dr. Rubén E. Fernández

Material producido por Educación y Desarrollo Pastoral de la Iglesia del Nazareno,
Región Mesoamérica - www.edunaz.org
Dirección postal: Apdo. 3977 – 1000 San José, Costa Rica, América Central.
Teléfono (506) 2285-0432 / 0423 - Email: EL@mesoamericaregion.org

Publica y distribuye Asociación Región Mesoamérica
Av. 12 de Octubre Plaza Victoria Locales 5 y 6
Pueblo Nuevo Hato Pintado, Ciudad de Panamá
Tel. (507) 203-3541
E-mail: literatura@mesoamericaregion.org

Copyright © 2017 - Derechos reservados
Queda prohibida la reproducción parcial o total, por cualquier medio, sin el permiso escrito de Educación y Desarrollo Pastoral de la Iglesia del Nazareno, Región Mesoamérica.
www. mesoamericaregion.org

Todas las citas son tomadas de la Nueva Versión Internacional 1999 por la Sociedad Bíblica Internacional, a menos que se indique lo contrario.

Diseño de portada: Juan Manuel Fernández (www.juanfernandez.ga)

Imagen de portada por Thompson Rivers University.
Utilizada con permiso (Creative Commons).
Imágenes interiores usadas con permiso (Creative Commons).

Impresión Digital

Índice de las lecciones

Lección 1	La venturosa vida cristiana	9
Lección 2	Hacia la aventura	17
Lección 3	Una aventura diaria	25
Lección 4	Emociones en la aventura	33
Lección 5	El líder de la aventura	41
Lección 6	Relación con el prójimo	49
Lección 7	Involucrando a otros en la aventura	57
Lección 8	Manteniendo el fuego	65

Presentación

La serie de libros Escuela de Liderazgo ha sido diseñada con el propósito de proveer una herramienta a la iglesia para la formación, capacitación y entrenamiento de sus miembros a fin de integrarlos activamente en el servicio cristiano conforme a los dones y el llamado (vocación) que han recibido de su Señor.

Cada uno de los libros provee el material de estudio para un curso del programa Escuela de Liderazgo patrocinado por las Instituciones Teológicas de habla hispana de la Región Mesoamérica de la Iglesia del Nazareno. Éstas son: IBN (Cobán, Guatemala); STN (Ciudad de Guatemala); SENAMEX (Ciudad de México, México); SENDAS (San José, Costa Rica); SND (Santo Domingo, República Dominicana) y SETENAC (La Habana, Cuba). Un buen número de los y las líderes de estas instituciones (rectores, directores, vicerrectores y directores de estudios descentralizados) participaron activamente en el diseño del programa.

La Escuela de Liderazgo cuenta con cinco Cursos Básicos, comunes a todos los ministerios, y seis Cursos Especializados para cada ministerio, al final de los cuáles la Institución Teológica respectiva le otorga al estudiante un certificado (o diploma) en Ministerio Especializado.

El objetivo general de la Escuela de Liderazgo es: "Colaborar con la iglesia local en el equipamiento de los "santos para la obra del ministerio", cimentando en ellos un conocimiento bíblico teológico sólido y desarrollándolos en el ejercicio de sus dones para el servicio en su congregación local y en la sociedad." Los objetivos específicos de este programa son tres:

- Desarrollar los dones del ministerio de la congregación local.
- Multiplicar ministerios de servicio en la iglesia y la comunidad.
- Despertar la vocación al ministerio profesional diversificado.

El objetivo de esta Especialidad titulada "Ministerio Juvenil" es el de capacitar a los líderes emergentes, que desean participar en el cumplimiento de nuestra misión de "llamar a nuestra generación a una vida dinámica en Cristo". Las lecciones en estos seis libros han sido escritas por líderes juveniles con experiencia a lo largo de la región de Mesoamérica y es el deseo de los autores que cada estudiante reciba una visión enriquecida sobre la cultura juvenil, consejería, trabajo en equipo y otros temas de importancia. Deseamos que Dios sea glorificado a través de estos cursos y que cada estudiante crezca en su preparación, extendemos un agradecimiento especial a los licenciados Yeri Nieto, Josué Villatoro y Odily Díaz por su esfuerzo y dedicación en este proyecto.

Agradecemos a la Dra. Mónica Mastronardi de Fernández por su dedicación como Editora General del proyecto, a los Coordinadores Regionales de Ministerios y al equipo de escritores y diseñadores que colaboraron para la publicación de estos libros. Agradecemos de igual manera a los profesores y profesoras que compartirán estos materiales. Ellos y ellas harán la diferencia en las vidas de miles de personas a lo largo y ancho de Mesoamérica.

Finalmente, no podemos dejar de agradecer al Dr. Rubén Fernández, Coordinador de Educación y Desarrollo Pastoral por el impulso dado a la publicación de estos materiales, y al Dr. L. Carlos Sáenz, Director Regional MAR, por su respaldo permanente en esta tarea, fruto de su convicción de la necesidad prioritaria de una iglesia equipada de manera integral.

Oramos por la bendición de Dios para todos los discípulos y todas las discípulas cuyas vidas y servicio cristiano serán enriquecidos por estos libros.

Rev. Milton Gay
Coordinador de Juventud Nazarena Internacional
Región Mesoamérica

¿Qué es la Escuela de Liderazgo?

Escuela de Liderazgo es un programa de educación para laicos en las diferentes especialidades ministeriales para involucrarlos en la misión de la iglesia local. Este programa es administrado por las Instituciones Teológicas de la Iglesia del Nazareno en la Región Mesoamérica e impartido tanto en sus sedes como en las iglesias locales inscriptas.

¿Para quiénes es la Escuela de Liderazgo?

Para todos los miembros en plena comunión de las iglesias del nazareno quienes habiendo participado en los niveles B y C del programa de discipulado, desean de todo corazón descubrir sus dones y servir a Dios en su obra.

Plan ABCDE

Para contribuir a la formación integral de los miembros de sus iglesias, la Iglesia del Nazareno de la Región Mesoamérica ha adoptado el plan de discipulado ABCDE, y desde el año 2001 ha iniciado la publicación de materiales para cada uno de estos niveles. La Escuela de Liderazgo corresponde al Nivel D del plan de discipulado ABCDE y ha sido diseñada para aquellos que ya han pasado por los anteriores niveles de discipulado.

En la Iglesia del Nazareno creemos que hacer discípulos a imagen de Cristo en las naciones es el fundamento de la obra misional de la Iglesia y responsabilidad de su liderazgo (Efesios 4:7-16). La labor de discipulado es continua y dinámica, es decir el discípulo nunca deja de crecer a semejanza de su Señor. Este proceso de crecimiento, cuando es saludable, ocurre en todas dimensiones: en la dimensión individual (crecimiento espiritual), en la dimensión corporativa (incorporación a la congregación), en la dimensión santidad de vida (transformación progresiva de nuestro ser y hacer conforme al modelo de Jesucristo) y en la dimensión servicio (invertir la vida en el ministerio).

Dra. Mónica Mastronardi de Fernández
Editora General Libros de Escuela de Liderazgo

¿Cómo usar este libro?

Este libro contiene las ocho lecciones de un curso del programa Escuela de Liderazgo con sus actividades y la evaluación final del curso.

¿Cómo están organizados los contenidos de este libro?

Cada una de las ocho lecciones de este libro contiene lo siguiente:

> ➤ **Objetivos:** estos son los objetivos de aprendizaje que se espera que el alumno alcance al terminar el estudio de la lección.
>
> ➤ **Ideas Principales:** Es un resumen de las enseñanzas claves de la lección.
>
> ➤ **Desarrollo de la lección:** Esta es la sección más extensa pues es el desarrollo de los contenidos de la lección. Estas lecciones se han escrito pensando en que el libro es el maestro, por lo que su contenido se expresa en forma dinámica, en lenguaje sencillo y conectado con las ideas del mundo contemporáneo.
>
> ➤ **Notas y comentarios:** Los cuadros al margen tienen el propósito de aclarar términos y proveer notas que complementan o amplían el contenido de la lección.
>
> ➤ **Preguntas:** En ocasiones se incluyen preguntas al margen que el profesor puede usar para introducir, aplicar o reforzar un tema de la lección.
>
> ➤ **¿Qué aprendimos?:** En un recuadro que aparece al final del desarrollo de la lección se provee un resumen breve de lo aprendido en la misma.
>
> ➤ **Actividades:** Esta es una página al final de cada lección que contiene actividades de aprendizaje individuales o grupales relativas al tema estudiado. El tiempo estimado para su realización en clase es de 20 minutos.
>
> ➤ **Evaluación final del curso:** Esta es una hoja inserta en la última página del libro y que una vez completada el alumno debe separar del libro y entregar a profesor del curso. La duración estimada para esta actividad de reforzamiento final es de 15 minutos.

¿Cuánto dura cada curso?

Los cursos están diseñados para 12 horas de clase presencial repartidas en 8 sesiones de 90 minutos. Los días y horarios serán coordinados por cada Institución Teológica y cada iglesia o centro local de estudios. Dentro de esta hora y media el profesor o la profesora debe incluir el tiempo para las actividades contenidas en el libro.

¿Cuál es el rol del alumno?

El alumno es responsable de:

1. Matricularse a tiempo en el curso.
2. Adquirir el libro y estudiar cada lección antes de la clase presencial.
3. Asistir puntualmente a las clases presenciales.
4. Participar en las actividades en clase.
5. Participar en la práctica ministerial en la iglesia local fuera de clase.
6. Completar la evaluación final y entregarla al profesor.

¿Cuál es el rol del profesor del curso?

Los profesores y las profesoras para los cursos de Escuela de Liderazgo son pastores/as y laicos comprometidos con la misión y ministerio de la iglesia y de preferencia que cuentan con experiencia en el ministerio que enseñan. Ellos son invitados por el/la Director/a de Escuela de Liderazgo de la iglesia local (o Institución Teológica) y sus funciones son:

1. Prepararse con anterioridad estudiando el contenido del libro y programando el uso del tiempo en la clase. Al estudiar la lección debe tener a mano la Biblia y un diccionario. Aunque en las lecciones se usa un vocabulario sencillo, se recomienda "traducir" lo que se considere difícil de entender a los alumnos y alumnas, o sea, poner la lección en el lenguaje que ellos y ellas comprenden mejor.

2. Velar para que los/as alumnos/as estudien el material del libro y alcancen los objetivos de aprendizaje.

3. Planear y acompañar a los estudiantes en las actividades de práctica ministerial. Estas actividades deben programarse y calendarizarse junto al pastor local y el/la director/a del ministerio respectivo. Para estas actividades no debe descontarse tiempo a las clases presenciales.

4. Llevar al dia la asistencia y las calificaciones en el formulario de Informe de clase. El promedio final será el resultado de lo demostrado por el/la estudiante en las siguientes actividades:

   a. Trabajo en clase

   b. Participación en la práctica ministerial fuera de clase.

   c. Evaluación final

5. Recoger las hojas de "Evaluación", entregarlas junto al formulario "Informe de clase" al finalizar el curso al/ a la director/a de Escuela de Liderazgo local, esto después de evaluar, cerrar los promedios y verificar que todos los datos estén completos en el formulario.

6. Los profesores y las profesoras no deben agregar tareas de estudio o lecturas aparte del contenido del libro. Sí deben ser creativos/as en el diseño de actividades de aprendizaje en clase y en planear actividades ministeriales fuera de clase conforme a la realidad de su iglesia local y su contexto.

¿Cómo enseñar una clase?

Se recomienda usar los 90 minutos de cada clase presencial de la siguiente manera:

- **5 minutos:** Enlace con el tema de la lección anterior y orar juntos.

- **30 minutos:** Repaso y discusión del desarrollo de la lección. Se recomienda usar un bosquejo impreso, pizarra o cartulina u otro disponible, usar dinámicas de aprendizaje y medios visuales como gráficos, dibujos, objetos, láminas, preguntas, asignar a los alumnos que presenten partes de la lección, etc. No se recomienda usar el discurso o que el maestro lea nuevamente el contenido de la lección.

- **5 minutos:** Receso ya sea en el medio de la clase o cuando sea conveniente hacer un corte.

- **20 minutos:** Trabajo en las actividades del libro. Esto puede realizarse al inicio, en el medio o al final del repaso, o bien se pueden ir completando actividades a medida que avanzan en los temas y conforme aquellas se relacionan con los mismos.

- **20 minutos:** Discusión sobre la práctica ministerial que hicieron y que tendrán. Al inicio del curso se deberá presentar a los estudiantes el calendario de la práctica del curso para que ellos hagan los arreglos para poder asistir. En las clases donde se hable sobre la práctica que ya hicieron, la conversación debe ser dirigida para que los alumnos compartan lo que aprendieron; tanto de sus aciertos, como de sus errores, así como de las dificultades que se presentaron.

- **10 minutos:** Oración por los asuntos surgidos de la práctica (desafíos, personas, problemas, metas, agradecimiento por los resultados, entre otros).

¿Cómo hacer la evaluación final del curso?

Asigne 15 minutos de tiempo a los y las estudiantes en la última clase del curso. Si fuera necesario ellos y ellas pueden consultar sus libros y Biblias. Las evaluaciones finales se han diseñado para ser una actividad de reforzamiento de lo aprendido en el curso y no una repetición memorística de los contenidos del libro. Lo que se propone con esta evaluación es medir la comprensión y la valoración del estudiante hacia los temas tratados, su crecimiento espiritual, su progreso en el compromiso con la misión de la iglesia local y su avance en experiencia ministerial.

Actividades de práctica ministerial

Las siguientes son actividades sugeridas para la práctica ministerial fuera de clase. En la lista abajo se incluyen varias ideas pra ayudar a los profesores, pastores, director de Escuela de Liderazgo local y directores locales de ministerio. Entre ellas se puede escoger la que más se adapte a la realidad contextual y el ministerio de la iglesia local o bien pueden ser reemplazadas por otras conforme a las necesidades y posibilidades.

Se recomienda tener no menos de tres actividades ministeriales por curso. Puede poner a toda la clase a trabajar en un mismo proyecto o asignar tareas en grupos según sus intereses, dones y habilidades. Es recomendable involucrar a los alumnos y alumnas en una variedad de experiencias ministeriales que sean nuevas para ellos y ellas.

Actividades ministeriales sugeridas para el curso
La aventura de mi vida

1. Preparar un drama u obra de teatro para presentar en un culto de jóvenes, a los niños o de toda la iglesia sobre el tema: La aventura de la vida cristiana.

2. Organizar un desayuno para adolescentes con invitados especiales que hablarán sobre experiencias apasionantes de su vida cristiana, o cristianos que practican actividades interesantes como deportes extremos, alpinismo, carreras de resistencia, etc. La idea de esta actividad será tomar conciencia de que la vida del cristiano no tiene que ser aburrida.

3. Organizar una tarde de cine para los jóvenes de la comunidad para proyectar una película sobre la vida de un cristiano o cristiana valerosa, que enfrentó los problemas de la vida y no perdió el gozo de seguir a Jesús. Esta actividad tendrá el propósito de hacer contactos y amistad con los jóvenes, invitándoles a otras actividades evangelísticas. (Películas recomendadas:

- El poder del perdón: https://www.youtube.com/watch?v=x8cM7vN-kbc
- Dios no está muerto 1: http://www.locopelis.com/pelicula/9660/dios-no-esta-muerto.html
- Poema de Salvación: http://www.locopelis.com/pelicula/7526/poema-de-salvacion.html).

4. Realizar una encuesta a la población que rodea el templo para conocer cuáles son las necesidades específicas de las familias/personas. Luego tener una reunión para hacer un plan para comenzar a satisfacer algunas de estas necesidades, las más urgentes en la medida de las posibilidades.

5. Organizar una colecta o ventas o trabajos voluntarios remunerados (como lavar autos, etc.), para recoger fondos para los proyectos que han diseñado para proveer a las necesidades de la comunidad.

6. Planifiquen un retiro de oración para buscar un avivamiento del Espíritu Santo en los jovenes.

7. Organizar un club de lectura que motive a los jóvenes a leer libros sobre la Llenura del Espiritu Santo. Pueden ser libros comprados o donados por los líderes o miembros de la iglesia. Tambien pueden ser materiales impresos disponibles en internet. Verifiquen con su pastor que los libros tengan una enseñanza acorde a la doctrina de nuestra iglesia. Posibles libros a incluir:

-*Devocionales para el ministerio juvenil.* Bs. As., Argentina: Visión Joven, 1999.
-Fenstermacher, A. *La Formación espiritual a través de la disciplina diaria.* Nashville: Discipleship Resources, 2004.
- Ortiz, F. *Raíces: pastoral juvenil en profundidad.* Miami, Florida: Vida, 2008.
-Tracy, W. et al. *Formación Espiritual: una guía para responder al supremo llamamiento.* Kansas City: CNP,1999.
-Leys, Lucas. *Generación de Adoradores.* Miami Florida, Vida, 2006.

Lección 1

LA VENTUROSA VIDA CRISTIANA

Objetivos

- Percibir la vida cristiana como una aventura.
- Combatir el aburrimiento espiritual.
- Tener a Jesucristo como supremo modelo de una vida de aventura.

Ideas Principales

- La vida cristiana es la mayor aventura que el ser humano pueda experimentar.
- Jesucristo experimentó una verdadera vida de aventura; su ejemplo debe animarnos a vivir la nuestra.

Introducción

Hace un tiempo se publicó un devocional de la aplicación virtual bíblica "You Version" que, traducido, se titulaba: "Avanza hacia el desorden, la solución definitiva para una vida cristiana aburrida". En su introducción decía lo siguiente: "Treinta y un por ciento de los jóvenes adultos que abandonan la iglesia citan el aburrimiento espiritual como un factor significativo". ¿ABURRIMIENTO? ¡Esto puede sorprendernos! ¿Porqué esta estadística?

Lamentablemente a la fe cristiana se la ha etiquetado con el estereotipo de ser una vida aburrida y poco emocionante. ¿Qué está pasando, que la juventud piensa que la vida cristiana es así? En sus veintiún años de edad, la autora de esta lección, aún habiéndose criado en el evangelio, puede decir con certeza que nunca sintió que seguir a Cristo fuera aburrido. Por el contrario, ¡ha sido toda una aventura!

Hay un refrán que dice: "Una forma de obtener el máximo provecho de la vida es considerándola una aventura". La palabra "aventura" se define como: "una experiencia emocionante o muy inusual". ¿Te has detenido a pensar en la vida cristiana de esa manera? Desde el momento en que reconocemos a Jesucristo como nuestro único Salvador y experimentamos la entera santificación, nuestra vida como cristianos se convierte en un cúmulo de distintas "experiencias emocionantes e inusuales" que nos forman para que podamos llegar a ser imágenes vivas de nuestro Señor.

Ahora, la pregunta es: ¿Cómo podemos demostrarles a otros que la vida cristiana es mucho más de lo que piensan? Como líderes y futuros líderes es importante que nos detengamos a reflexionar en esta aventura que hemos aceptado vivir como cristianos y pensemos en qué cosas podemos hacer para que otros disfruten de esta misma aventura.

---

*Una **aventura** es una experiencia de naturaleza arriesgada normalmente compuesta de eventos inesperados, en muchas ocasiones estando presente cierta clase de peligro.*

Del aburrimiento a la aventura

Algo más que hábitos religiosos.

¿Cómo percibes la vida cristiana? ¿Como una aventura o como algo aburrido? Mucha gente cree que la vida cristiana se reduce a asistir a un edificio, leer la Biblia y orar. Si solamente fuese eso, podríamos estar totalmente de acuerdo con ellos y decir que la vida cristiana es aburrida. Ahora, es importante aclarar que, de ninguna manera estamos diciendo que estas actividades no sean importantes. Por el contrario: asistir a la iglesia, leer la Biblia y orar son hábitos cruciales para nuestro crecimiento espiritual y para el desarrollo de nuestra relación con Dios. Pero la vida cristiana va mucho más allá que solo esto. Lamentablemente son muchos los jóvenes que han tenido malas experiencias y referencias en cuanto a esto.

Tenemos un reto por delante como líderes. ¿Cómo podemos hacer que otros pasen del pensamiento de que la vida cristiana es aburrida al pensamiento de que puede ser una emocionante aventura?

¿Qué dicen los jóvenes de tu ciudad sobre la iglesia cristiana? ¿Qué opinión tienen de los jóvenes cristianos?

Ese fue Jesús

Jesús el ejemplo por excelencia de una vida llena de aventura.

Lo primero que debemos tener claro es que nuestra vida como cristianos debe tener a Jesucristo como único modelo, quien definitivamente no era aburrido. Si lo hubiese sido, los fariseos no lo hubiesen mandado a matar. Sus palabras y argumentos eran de constante controversia, y en contra de todo lo tradicionalmente establecido y practicado en su época. Sin embargo, Jesús ha sido la persona de más influencia y el más impactante que la humanidad haya conocido. Detrás de sus palabras desafiantes y llenas de autoridad eran evidentes su amor y compasión por la gente. Tanto así, que miles de años después sus palabras siguen cambiando la vida de miles.

La vida de Jesús estuvo llena de pasión y aventura. Sus palabras y su vida eran emocionantes e inusuales. Jesús convertía los hechos normales de la vida en hechos extraordinarios. Su vida y ministerio estuvieron llenos de experiencias diferentes a lo usual en su época. Fueron sus hechos y palabras inusuales los que atrajeron la atención y admiración de quienes le conocían.

Jesús hacía cosas que nadie más se atrevía a hacer. En una época donde la mujer era menospreciada, Jesús tomó tiempo para hablar con ellas y valorizarlas. La opinión de los demás nunca le detuvo de hacer lo correcto a los ojos de Dios, tampoco se preocupó en cuidar su reputación. En un tiempo donde los niños no recibían el valor que se merecen como personas, Jesús abrió sus brazos para recibirles e incluso les dijo a sus discípulos que no se atrevieran a impedir que los niños se acercaran a Él.

Espíritu aventurero: *típico de las personas que corren riesgos.*

Lección 1 - La venturosa vida cristiana

Jesús hizo milagros sorprendentes, cómo cuándo dio órdenes a la naturaleza, rompiendo todas las expectativas de sus discípulos: *"¿Quién es éste, que hasta el viento y el mar le obedecen?"* (Marcos 5:41).

Hoy vivimos en una sociedad donde la juventud se inspira más por lo que ve que por lo que escucha. Los jóvenes son más propensos a copiar conductas y maneras de vivir que a dejarse influenciar por las palabras que puedan escuchar. Ellos necesitan ver un ejemplo vivo, un modelo posible de imitar. Si es así, ¿qué mejor ejemplo que Jesús mismo? Jesús tenía una personalidad atractiva y un espíritu aventurero.

1. Jesús era radical

Jesús fue radical en su ministerio. Muchos de sus hechos y enseñanzas estaban en desacuerdo con las leyes vigentes pero en acuerdo a ley divina. Jesús estaba lleno de gracia, la cuál usaba para acercar a los seres humanos al amor de Dios. Lo que nadie jamás se hubiese atrevido a hacer o decir, Él lo hacía y decía. Jesús compartía con los pecadores e hizo amistad con ellos, buscaba el bienestar físico y espiritual de las mujeres y niños, sanaba enfermos en el día de descanso (el sábado que guardaba el pueblo judío), entre otras cosas. Nada detenía a Jesús de confrontar a los religiosos de su época que ponían primero los rituales que a las personas, y nada lo detenía de cuestionar las leyes de su tiempo y darles un nuevo significado.

Vemos un ejemplo claro de esto en Mateo 5:43-44: *"Ustedes han oído que se dijo 'Ama a tu prójimo y odia a tu enemigo'. Pero yo les digo: 'Amen a sus enemigos y oren por quienes los persiguen'."* Es muy fácil amar al prójimo que nos trata bien, sin embargo Jesús sabía que el verdadero ejemplo de amor estaba en amar al enemigo. Para un joven, ¡eso es algo que en ocasiones es sumamente difícil! Él tomó las enseñanzas de ese tiempo y las reinterpretó completamente a la luz de la gracia de Dios. Jesús fue radical en sus enseñanzas.

Hubo muchas situaciones en las que Jesús retó a los religiosos de su tiempo. Su actitud podría verse como algo negativo, pero no es así puesto que él estaba comprometido con cumplir la voluntad de Dios. Aún estando en desacuerdo y con la autoridad que él tenía, siempre le vemos cumplir su misión de manera respetuosa y humilde, manteniendo su integridad y sometiéndose a las autoridades humanas y la ley vigente, cuando éstos no estaban en oposición a la ley de Dios.

Jesús era un aventurero que no se conformó con lo establecido, sino que siempre se condujo en conformidad con la voluntad de su Padre, cuya autoridad estaba detrás de él, aun cuando esto le llevó a ir en contra del sistema establecido.

2. Jesús no temía al peligro

Hoy en día vemos las nuevas generaciones de jóvenes que se sienten atraídos por experiencias peligrosas y dañinas y creen que en esto consiste

---

Radical: *Que afecta a la parte fundamental de una cosa de una manera total o completa.*

"Una persona íntegra es aquella que es recta, intachable."

Ada Lum autora del libro: "Jesús, el radical", destaca la capacidad de la personalidad de Jesús para generar cambios y transformar vidas, como ninguna otra persona o institución lo ha logrado en la historia.

una vida aventurera. Incluso, a veces toman decisiones, practican conductas y hábitos que ponen sus vidas y reputación en riesgo, y llegan a traer consecuencias negativas a sus vidas.

También en algunos aspectos la vida Jesús hacía que otros lo vieran como un hombre "peligroso". Jesús decía y hacía cosas que ponían su vida, su reputación y la de sus seguidores en riesgo. Jesús mismo buscaba estar en situaciones donde nadie más se atrevería estar. Pero cada riesgo que tomó lo hizo motivado por el amor y la compasión. El se aventuró llevando palabras de gracia y de verdad a los marginados y rechazados por la sociedad de su tiempo. Cuando ponía su vida en riesgo era por causa del reino de Dios.

Esta misma pasión y carácter lo vemos en el ministerio de uno de sus seguidores, el apóstol Pablo. Pablo ponía su vida en riesgo y en peligro por causa de Jesús y para proclamar el mensaje de salvación.

En el famoso libro para niños "Las crónicas de Narnia: el león, la bruja y el ropero", el autor C. S. Lewis hace una interesante imagen de Jesús a través del personaje del león Aslan. En una conversación que tiene la niña Susan y el castor, sobre la seguridad de Aslan, el castor le contesta a Susan lo siguiente: *"¿Seguro? ¿Quién ha dicho que estar con Él es algo seguro? Por supuesto que no es seguro. Pero es bueno. Él es el Rey, te lo digo."*

Ahora bien, es verdad que tenemos seguridad espiritual en Jesús; eso está por siempre garantizado, pero en cuánto a seguridad física se refiere, seguir a Jesús no siempre es lo más seguro, y definitivamente no lo era para Pablo. La vida de Pablo como apóstol del Señor estuvo llena de persecución y peligro de muerte. Sin embargo, refiriéndose a estas peligrosas experiencias dice: *"Por eso me regocijo en debilidades, insultos, privaciones, persecuciones y dificultades que sufro por Cristo; porque cuando soy débil, entonces soy fuerte"* (2 Corintios 12:10). Si era peligroso seguir a Jesús, pero de seguro que era bueno y valía la pena.

Vivimos en un área del mundo en donde la iglesia está muy cómoda. Qué bueno que contamos hoy con libertad de reunirnos y alabar a Dios juntos, pero no siempre ha sido así y no tenemos seguridad de que dicha libertad va a continuar. Incluso, en este mismo momento miles de hermanos y hermanas en el mundo no tienen la misma libertad que tu y yo tenemos para servir a Jesús. Muchos tienen que hacerlo escondidos y con el temor de que si son atrapados podrán ser encarcelados, torturados e incluso asesinados. Tanto Jesús como Pablo eran hombres que se aventuraban a lo peligroso con tal de que otros conocieran la verdadera salvación y esperanza.

Clive Staples Lewis (1898-1963) conocido como el autor de "Las crónicas de Narnia" y otras novelas, fue un escritor, académico y locutor de radio. Lewis fue bautizado en la Iglesia de Irlanda cuando nació, pero durante su adolescencia se alejó de su fe. Debido a la influencia de Tolkien (autor de "El Señor de los Anillos") y otros amigos, cuando tenía cerca de 30 años, Lewis se reconvirtió al cristianismo, siendo un fiel miembro de la Iglesia de Inglaterra. Su conversión tuvo un profundo efecto en sus obras, y sus transmisiones radiofónicas en tiempo de guerra sobre temas relacionados con el cristianismo fueron ampliamente aclamadas.

Lección 1 - La venturosa vida cristiana

El antídoto perfecto

El evangelio número cinco está escribiéndose.

Hasta aquí hemos visto que Jesús a través de su vida emprendió la aventura. Él buscaba marcar las vidas de sus seguidores con experiencias emocionantes de nivel inusual y desafiante para su época. Habiendo establecido un buen ejemplo de aventura, la próxima pregunta que vamos a hacernos es, ¿cuál es el antídoto perfecto para sanar a los jóvenes del aburrimiento espiritual y a la vez impulsarlos a emprender una vida aventurera?

El antídoto eres tú, somos cada uno de nosotros. Somos todos los que hemos emprendido esta aventura cristiana. ¿Por qué somos nosotros? Alguien dijo una vez que existe un quinto evangelio, que somos nosotros. ¡Nuestra vida de aventura cristiana es tan rica y abundante que no podemos callar, sino compartirla con otros!

Desde el inicio de la vida cristiana, Jesús nos lleva y nos continúa llevando por un sinnúmero de distintas aventuras que hacen la vida del cristiano más interesante, divertida y a veces dolorosa. Cada aventura que emprendemos representa un escalón más en el crecimiento espiritual y aleja el aburrimiento y la monotonía. Pero además, en el proceso, le servimos a otros como modelo y ejemplo para que ellos y ellas puedan vivir una verdadera aventura personal con Cristo. Algunas de esas muchísimas aventuras son:

> **Antídoto:** Medicamento contra un veneno. Medicina o sustancia que contrarresta los efectos nocivos de otra.

Aventura del Amor - 1 Juan → Aventura de las Disciplinas → Aventura de la Libertad → Aventura del Gozo - Eclesiastés → Aventura de la Santidad

La vida del cristiano consiste de tantas aventuras que la hacen sumamente interesante. Podríamos mencionar tantas otras aventuras que hemos emprendido en nuestra vida con Cristo. Experiencias vividas, testimonios que contar y aventuras que nos esperan por vivir. Si queremos marcar las vidas de otros jóvenes para Cristo, tenemos que demostrarles que la vida cristiana es mucho más de lo que piensan.

Definitivamente, la vida cristiana es la mayor aventura que el ser humano pueda vivir. Cualquier otra aventura puede ser divertida y satisfactoria por un tiempo. Pero gracias a la vida de muchos cristianos que se lanzan a esta maravillosa aventura, cada día hay más amor, más gozo y esperanza en éste mundo necesitado. Gracias a su valiente testimonio Dios libera a los cautivos del pecado, restaura las vidas y cambia los corazones.

¿Aburrida? No claro que no. La vida cristiana es una aventura y es nuestra responsabilidad como líderes y futuros líderes que otros jóvenes la vean así.

¿Qué Aprendimos?

El mayor ejemplo para un joven que quiere una vida de aventura es Jesús. La vida cristiana no es aburrida, al contrario está llena de aventura. La responsabilidad de los líderes de jóvenes presentes y futuros es emprender esta aventura en su propia vida y compartirla con otros para sacarlos del aburrimiento espiritual.

Lección 1 - La venturosa vida cristiana

Actividades

INSTRUCCIONES:

1. Piensa unos momentos y escribe algunos episodios de la vida de Jesús que "rompieron los esquemas de su época", como milagros asombrosos o situaciones dónde el Señor se enfrentó a gente peligrosa o que tenía poder para dañarle en alguna manera.

_____
_____
_____
_____
_____
_____
_____
_____

2. En grupos de 3 o 4 integrantes compartan sus testimonios sobre aventuras que hayan experimentado en sus vidas cristianas y cómo estas pueden servir de ejemplo a otros.

_____
_____
_____
_____
_____
_____
_____
_____

3. En los mismos grupos hagan una lista de 5 actividades que pudieran realizar en su iglesia para romper la monotonía. Deben ser atractivas e interesantes para los jóvenes. (Por ejemplo: ministerios de compasión, máxima misión, actividades divertidas de compañerismo, entre otras.). Al finalizar compartan sus ideas con el resto de la clase.

_____
_____
_____
_____
_____
_____
_____
_____

Lección 2

HACIA LA AVENTURA

Objetivos
- Comprender la necesidad de la capacitación para vivir la aventura de la vida cristiana.
- Comprometer tiempo para la preparación y equipamiento a fin de cumplir nuestra comisión.
- Valorar la preparación para obtener seguridad para el servicio.

Ideas Principales
- Pablo pasó por una larga preparación que le permitió vivir la más grande de las aventuras.
- La preparación y equipamiento de Pablo fue lo que hizo que él estuviera tan seguro a quien servía.
- Cada joven debe ver la vida cristiana como una aventura que necesita preparación y equipamiento para cumplir el propósito de Dios para su vida.

Introducción

¿Cuáles son los deportes o aventuras de riesgo favoritas por los jóvenes de tu comunidad?

La juventud es conocida por ser aventurera, desafiante y sin límites. Muchas veces la gente joven actúa sin pensar en los riesgos, consecuencias y resultados. Esto tiene sus ventajas y desventajas, pero el punto es que a los jóvenes les encantan las aventuras. Ya sea tirarse de un paracaídas, nadar con delfines, escalar una montaña, correr un maratón o irse de viaje con amigos, todas estas actividades necesitan de una preparación y un equipamiento: Para tirarse de un avión hay que tener puesto el paracaídas; para correr un maratón se necesita entrenamiento y unos buenos zapatos para correr; para irse de viaje se requiere, por lo menos, gasolina. Para que toda aventura tenga un mejor resultado hay que estar preparado.

La vida cristiana no es muy diferente, es toda una aventura, de hecho la mejor de todas, que necesita constante preparación y equipamiento.

El aposto Pablo vivió una de las mayores aventuras, pero así también pasó por un largo periodo de preparación y equipamiento. Tenía una misión, que conocemos y aun hablamos de ella en nuestros tiempos. Muchos quieren ser como él, pero no le dan la importancia que deben a todos los años de formación antes de emprender su primer viaje como misionero.

El apóstol Pablo se entrenó durante catorce años. ¡Catorce años de preparación! ¿Tantos? Sí. Pero su preparación y equipamiento fueron imprescindibles para su gran aventura de servicio y dedicación a la obra de Cristo. Todo ello fue lo que hizo que su vida hiciera historia.

Mientras nos preparamos para la gran aventura, la vida cristiana estará llena de pequeñas aventuras que contribuirán a nuestra formación.

En la epístola a los Gálatas, capítulos 1 y 2, habla de la preparación y equipamiento de Pablo ante la misión dada por Dios de llevar el mensaje de salvación a los no judíos. Su propósito durante estos dos capítulos era dejarle saber a los hermanos de Galacia, que estaban actuando incorrectamente porque habían abandonado las enseñanzas que Pablo le había dado cuando fundó la iglesia, sobre Jesucristo como el fundamento de nuestra fe.

Pablo, para probarles que su llamado había sido de parte de Dios y no de hombres, les relata el proceso de formación por el que pasó antes de ir a cumplir su misión, el cuál tomó años. El apóstol dice que era necesario que él pasara por esta preparación.

A continuación veremos las pequeñas aventuras que prepararon y equiparon al apóstol para su gran misión.

La aventura de conocer a quien servimos

En esta sección estudiaremos el pasaje de Gálatas 1:6-10.

Antes de su conversión, Pablo de Tarso era un religioso judío perseguidor severo de los seguidores de Jesucristo, pero al ser transformado se convirtió en uno de los que proclamaban a Jesús como Señor y Salvador. Como era de esperarse, al cambiar de bando tenía feroces enemigos y muchas personas no creían en tal transformación.

Habían unos infiltrados que se encontraban entre los cristianos de Galacia que esparcían rumores de que Pablo no era un apóstol que procedía de Dios; pero Pablo estaba claro en que su llamado era comisionado por Dios. Por eso, les habla con tanta seguridad al pueblo de Galacia y les deja saber claramente que el evangelio que él predicaba provenía de Dios. En la carta, Pablo escribe con tanta seguridad que no caben dudas de su íntimo conocimiento de Cristo.

A la iglesia de Galacia le faltaba preparación, por eso se estaban dejando de llevar por aquellos que se hacían pasar por apóstoles, no tenían el discernimiento espiritual para detenerlos o ignorarlos. Aun cuando Pablo podría estar enojado por la conducta de ellos, les da recomendaciones hablándoles con autoridad.

Prepararnos y conocer con detalles nuestra misión y a quién servimos nos ayudará a superar cualquier obstáculo y a permanecer en la aventura, yendo contra la corriente, sin dejarnos engañar.

La Palabra de Dios es la mejor herramienta que tenemos para enfrentar las mentiras y las falsas doctrinas que surgen en estos tiempos. Estudiar a fondo la Biblia puede ser una de las aventuras más transformadoras en nuestra vida, además nos dará herramientas que evitarán que caigamos en los engaños de los falsos maestros de las Escrituras.

"Tus días aquí, sobre la tierra, no son muchos, así que úsalos de la mejor manera posible, para la gloria de Dios y el beneficio de tu generación" (William Booth).

Pablo, nació en Tarso, hebreo de la tribu de Benjamín. A los 13 años lo enviaron a estudiar a cargo del famoso maestro Gamaliel, en Jerusalén donde vivía su hermana. Luego de su conversión llegó a ser el gran maestro del cristianismo, llevando la nueva fe por todas las ciudades principales alrededor del Mar Mediterráneo. Según la tradición, murió decapitado en Roma.

Predicar a quienes son diferentes a mí

Ahora contianuaremos analizando Gálatas 1:13-17.

Gentiles: *Término usado por los judíos para referirse a las naciones e individuos no judíos, practicantes de religiones paganas.*

Cuando uno reconoce que es pecador y recibe a Jesús como Salvador de su vida y lo confiesa como Señor, la manera de ver la vida cambia por completo. Esto lo experimentó Pablo. Antes de tener su encuentro con el Señor, su religión era el judaísmo y cazaba y encarcelaba a los discípulos y discípulas de Jesús. Él se presentaba a los demás como mejor que todos; pero cuando tuvo un encuentro con Cristo comprendió que para Dios todas las vidas son de igual importancia y valor.

En su encuentro con Cristo, comprendió que fue llamado para la aventura de representar al Salvador predicando el evangelio a los gentiles. Dejó a un lado lo que conocía y todo aquello que le impedía que cumpliera este propósito. Lo que es maravilloso de Pablo, es que en ningún momento dudó de que su llamado fuese del Señor, sino que sin demora comenzó a servir a los propósitos de Dios. De allí en adelante se dedicaría a predicar a los gentiles, dejaría la religiosidad, sus viejas costumbres y todo pensamiento equivocado.

"Tú eres cristiano porque alguien se ocupó de ti. Ahora a ti te toca preocuparte por los demás"
(Warren Winter).

Para poder cumplir con la aventura de predicar a otros necesitamos primero reconocer que somos pecadores redimidos por la sangre de Cristo, y tomar conciencia de la urgencia de que otros también tengan oportunidad de conocer a Cristo y ser salvos. Luego tenemos que aceptar nuestra responsabilidad de predicar a otros. Esta será la nueva meta de nuestra vida. No importa quién esté frente a nosotros, cuán diferente sea a nosotros, cuánto pecado haya practicado en su pasado o cómo luce en su aspecto físico, nuestra misión es llevarle el mensaje de salvación.

La aventura de ser transformado

Seguimos viendo la transformación de Pablo en Gálatas 1:23-24.

¿Alguna vez ha sido testigo de la transformación de alguien cercano a usted? ¿O tal vez de usted mismo?

Cuando uno ve cómo ha cambiado para bien una persona, es inevitable hablar de lo que antes era y lo que es ahora. El asombro impide que ignoremos lo que ha pasado en la vida del transformado. Como resultado exaltamos, glorificamos y alabamos a Dios porque sabemos que eso es posible gracias a Él.

Pablo es un ejemplo de dicha transformación, no solo para aquellos que lo conocieron, sino también para aquellos que hoy podemos leer su historia. Antes era temido por los seguidores de Cristo, pero luego fue escuchado y validado por ellos mismos. Aun cuando no era conocido en todos lugares, daba de qué hablar y se regó la voz de su transformación. Esto provocó que alabaran a Dios.

¿Nuestra transformación ha hecho que otros alaben y glorifiquen el nombre de Dios? Esa es la aventura de la transformación, que lleva a otros a exaltar a Aquel que nos transformó. Muchas veces el cambio es visto de manera negativa, cuando se mira el lado doloroso y difícil por el que tendremos que pasar, pero es mucho más que esto.

Sinónimos de transformado son cambiado, modificado, mudado, variado.

La transformación que Dios opera en nosotros es una aventura que no termina y que nos hace mirar al pasado como un proceso de crecimiento, y no como un proceso de dolor. Tenemos que permitirle al Espíritu Santo que nos transforme, así como lo hizo con Pablo para que el nombre de Jesús continúe siendo alabado.

El compañerismo

Finalmente veremos los requisitos para la misión en Gálatas 2:8-10.

Para cumplir la misión se necesitan al menos dos cosas: Ser llamados por Dios y tener un grupo de apoyo.

Pablo tenía a Bernabé, su compañero de misión. Este jugó un papel sumamente importante en la vida de Pablo. También se añadieron otras personas que fueron importantes en su camino de transformación –como lo fueron Tito, Silas, Timoteo, Lucas, Epafras, Pedro, Juan y Jacobo. Los últimos tres mencionados, eran considerados columnas de la iglesia y estuvieron dispuestos a ayudar y apoyar a Pablo y a Bernabé en el cumplimiento de su misión. El autor de esta epístola, afirma que él estaba haciendo su parte y cuándo les mostró a los apóstoles cuál era su llamado, ellos lo confirmaron y le dieron su apoyo. Al fin todos trabajaron juntos para un mismo fin, la proclamación del evangelio, algunos a los judíos y otros a los gentiles.

¿A qué peligros se expone un joven que transita solo la aventura de la vida cristiana?

En el caminar con Cristo necesitamos recibir la mano de nuestros hermanos en la fe. Hay mucho trabajo que hacer; pero, cuanto más trabajemos en unidad, más resultados vamos a lograr. Las mejores aventuras son aquellas que compartimos con otros.

El compañerismo no solo nos ofrece apoyo y acompañamiento, sino que también nos da la confianza para dejarle saber a nuestro hermano cuando lo que hace se aleja del propósito de Dios (v. 11-21). Pablo lo hizo con Pedro. Pedro estaba actuando incorrectamente porque mientras no estaban los judíos, comía felizmente con los gentiles, pero en cuanto llegaban los judíos comenzaba a separarse de ellos, como si estuviese mal. Pablo le llama hipócrita y le da un discurso que dejó a Pedro sin argumentos.

Lección 2 - Hacia la aventura

Los hermanos en Cristo tambien están para ayudarnos, acompañarnos y corregirnos. No debemos tomar las palabras de nuestros hermanos como un regaño, cuando están basadas en la verdad del evangelio. Reconozcamos con valentía cuando algo que hacemos no es correcto y trabajemos juntos para mejorarlo. Demos gracias por nuestros compañeros y compañeras de misión. Es muy importante contar con alguien que nos ayude a crecer y cumplir la misión y transitar juntos por esta aventura del servicio cristiano.

Se puede decir que Pablo mostró que su llamado fue de parte del Señor porque, aun en medio de las pruebas y años de preparación, fue respaldado por Dios. La vida cristiana es toda una aventura que necesita preparación y equipamiento.

En el proceso de reconocer cuál es nuestra misión final, hay aventuras que serán las que nos ayudarán a llegar a la meta final. Es necesario que conozcamos a quién nos envía, necesitamos conocer a Jesús. Cuando le conocemos podemos ver claramente lo que tenemos que hacer. Una vez estemos claros a quién le serviremos no podremos resistir hablarles a todos del Salvador del mundo, aun cuando sean diferentes a nosotros.

Es una maravillosa aventura hablar con los demás de Aquel que nos ha llamado. Todos hablarán de Jesús cuando vean cómo hemos sido transformados. Nuestro ejemplo es la mejor carta de presentación que podemos tener y esto provocará que continúen alabando a Dios y quieran experimentar lo mismo que nosotros.

Por último, necesitamos un grupo de apoyo, hermanos que oren, nos acompañen, nos ayuden y nos dejen saber cómo vamos y qué debemos mejorar. Cada una de estas aventuras nos llevará a ser partícipes de la aventura más grande de nuestra vida, cumplir el propósito para el cual fuímos llamados y decir *"He sido crucificado con Cristo, y ya no vivo yo sino que Cristo vive en mí. Lo que ahora vivo en el cuerpo, lo vivo por la fe en el Hijo de Dios, quien me amó y dio su vida por mí"* (Gálatas 2:20).

> *"En realidad, también yo he muerto en la cruz, junto con Jesucristo. Y ya no soy yo el que vive, sino que es Jesucristo el que vive en mí. Y ahora vivo gracias a mi confianza en el Hijo de Dios, porque él me amó y quiso morir para salvarme"* (Gálatas 2:20 TLA).

¿QUÉ APRENDIMOS?

La vida cristiana es la mejor aventura que podremos vivir, si nos enfocamos en vivirla como Cristo y seguir su llamado. Necesitamos prepararnos y equiparnos para poder vencer cualquier obstáculo, prueba o dificultad y así también poder representar el nombre de Jesús en dondequiera que estemos.

Actividades

Tiempo 20'

INSTRUCCIONES:

1. En grupos de 3 a 4 integrantes compartan experiencias de aventuras que no resultaron como esperaban. Identifiquen la causa de la fracaso ¿Qué faltó? ¿Fue por falta de equipo, materiales o preparación?

2. Piense en una aventura que desea realizar. Haga una lista de la preparación y el equipo que va a necesitar. Luego haga una lista de lo que debe hacer para estar preparado y equipado para emprender la aventura de compartir el evangelio con otros.

a. Una aventura que me gustaría realizar es _____

b. Lo que necesitaré en preparación y equipo es:
_____
_____
_____
_____
_____
_____

c. Lo que necesitaré en preparación y equipo para evangelizar a otros es:
_____
_____
_____
_____
_____
_____
_____

3. ¿Tiene en su vida actualmente a alguien que le apoye en su crecimiento espiritual y en el cumplimiento de la misión?

Si ____ No ____

Si su respuesta es sí, diga cómo le ha ayudado hasta aquí este hermano o hermana.
_____
_____

Si su respuesta es sí, diga cómo le ha ayudado hasta aquí este hermano o hermana.
_____
_____
_____

Si su respuesta es no, piense en alguien que podría cumplir este rol para su vida. Propóngase orar y hablar con esta persona esta semana para pedirle que sea su apoyo.
_____
_____
_____

4. Mencione algunas áreas en que su vida ha sido transformada desde que conoce a Jesús como salvador. Luego comparta su respuesta con un compañero o compañera y hagan oración el uno por el otro, alabando a Dios por esa transformación y encomendándose en las manos del Señor para que continúe su obra de transformación a la semejanza de Jesucristo en sus vidas.
_____
_____
_____

Lección 3

UNA AVENTURA DIARIA

Objetivos

- Valorar los beneficios de mantener una relación con Dios.
- Comprometerse a practicar a diario la lectura de la Biblia y la oración.
- Aprender a llevar un registro de las experiencias personales con Dios.

Ideas Principales

- Una relación con Dios debe cultivarse para que prospere.
- El cristianismo no es una religión, sino una relación.
- La vida devocional trae al cristiano nuevas y especiales experiencias para el crecimiento personal y ministerial.
- Mantenerse firme en el diario vivir se logra en una aventura diaria con Dios.

Introducción

En el año 2012 se estrenó la película "Una aventura extraordinaria", en la que un muchacho llamado Pi cuenta un poco de su vida, enfocándose principalmente en un viaje desde la India hasta América –en el cual su familia y él se embarcan en busca de una nueva oportunidad de trabajo, trayendo con ellos los animales de un zoológico de su propiedad. Lamentablemente durante el viaje una tormenta hace naufragar el barco, dejando en libertad a los animales del zoológico, los cuales luchan por sobrevivir en el océano, al igual que Pi y es allí donde comenzó esta aventura extraordinaria.

El film trata de este viaje, habla de esperanza, de coraje y de persistencia... una aventura que nos permite también comprender que todo esto procede de una búsqueda de Dios, la cual también está descrita en la película a través de la vida de Pi.

Nosotros podemos tener una aventura extraordinaria cada día. ¿Cómo? De esto trata esta lección.

El trailer de la película «Una aventura extraordinaria" está disponible en: http://www.youtube.com/watch?v=qcSs_K_G10o

Un viaje nos aguarda

La esperanza como el impulso de nuestra aventura con Dios.

La autora de la lección recuerda:

"Hace algunos años para una Semana Santa, mi papá nos invitó un lunes a salir de viaje, no dijo exactamente a dónde, solo que debíamos alistar maletas y por supuesto trajes de baño, que pasaríamos un día viajando y que lo disfrutaríamos mucho como familia. Así, mis hermanos y yo alistamos todas nuestras maletas, éramos muy chicos pero eso no nos impidió preparar las maletas para salir de viaje; no sabíamos del lugar pero si papá había prometido diversión seguro que la habría en el lugar adonde íbamos. Además nos dijo que sería un bonito lugar, eso generó en definitiva expectativas para todos, estábamos seguros que ese lunes estaríamos en plena diversión.

A esto se le conoce como esperanza, la cual significa, según la Real Academia Española, "confianza en que ocurra o en lograr algo que se desea". Estábamos seguros que sería un lugar especial, solamente confiábamos en la palabra de mi papá, esa confianza la teníamos puesta en él, puesto que había una relación con él, lo conocíamos tan bien, y en definitiva sabíamos que cumpliría su palabra."

Esta anécdota es semejante a lo que le pasó a un hombre que tenía una relación con Dios, quien a través de la relación de confianza en Dios se dispuso a un viaje lleno de esperanza.

Moisés era un varón que conoció a Dios en una zarza ardiente, ese fue su primer encuentro con Él, cada quien debe imaginar cómo sería eso de encontrarse a Dios en una zarza ardiente, quizás esto nos haga recordar una fogata de algún campamento dónde conocimos a Dios, pero lo especial del encuentro de Moisés con Dios es que la zarza no se consumía, sino que seguía ardiendo. Obviamente esto llamó la atención de Moisés y fue a ver lo que sucedía, sin imaginar el viaje que le aguardaba. Una aventura llena de esperanza estaba a punto de comenzar, eso se aprecia claramente cuando Moisés se acerca a la zarza y Dios se hizo audible a Moisés para hacerle una propuesta y, a la vez, una promesa de una tierra mejor, una esperanza para un pueblo que ambos, Dios y Moisés, amaban: el pueblo de Israel.

Éxodo 3:15-22 relata acerca de esto, Moisés recibió una promesa de un viaje lleno de esperanza, porque al final del viaje, él y todo el pueblo de Israel encontrarían una tierra donde abundaban la leche y la miel. Este viaje para Moisés y para el pueblo de Israel no surge de la nada, sino de una relación con Dios. Moisés tuvo que animarse para acercarse a la zarza, encontrarse en ese lugar con Dios y reconocer que estaba frente a Dios y no solo el Dios de él, sino también el Dios de sus antepasados, el Dios de Abraham, de Isaac y de Jacob.

El primer paso para avanzar en una aventura llena de esperanza es acercarnos a Dios. Quizá Moisés como tú han tenido ese temor al compromiso de acercarse a Dios, ya que como le pasó a Moisés nos pasa a todos: el lugar donde Dios se encuentra es santo y hay que despojarse de lo que a Dios no le agrada.

Dios le dió a Moisés instrucciones muy claras para que él y el pueblo de Israel salieran de Egipto en busca de la tierra prometida, solamente con iniciar el proceso Moisés aceptó el reto, él anhelaba vivir una aventura llena de esperanza y además cumplir la voluntad de Dios. ¿Nos gustaría iniciar un viaje de una aventura llena de esperanza? Si el cristiano anhela vivir una aventura llena de esperanza, debe acercase a Dios para escuchar con claridad las instrucciones que Él le dará, eso no será cuestión de un día, sino de cada día; y la forma de encontrar estas instrucciones es a través de la oración y de la lectura de la Biblia.

Esperanza:
La esperanza es un estado de ánimo optimista basado en la expectativa de resultados favorables relacionados a eventos o circunstancias de la propia vida o el mundo en su conjunto (Wikipedia).

¿Has tenido alguna experiencia de un viaje hacia un lugar desconocido? ¿Cómo resultó?

Un viaje que habla de coraje

Atentos los oídos a lo que Dios dice.

Imaginemos cómo estaba Moisés al momento de recibir las instrucciones de Dios para llevar al pueblo hacia la tierra prometida. No debió ser sencillo, era un viaje donde dirigiría aproximadamente a dos millones de personas para cruzar el desierto y llegar a Canaán, solamente tomar el reto de presentarse ante el Faraón necesitaba de mucho coraje. Cuando se habla de coraje se relaciona directamente con el valor para realizar las cosas, Moisés es un buen ejemplo de realizar un viaje lleno de coraje, sin embargo, hay una clave para ello en los versículos 11-12 del capítulo 3, donde Moisés reconoció que él no podía hacerlo por sus propias fuerzas:

"Pero Moisés le dijo a Dios: — ¿Y quién soy yo para presentarme ante el faraón y sacar de Egipto a los israelitas? — Yo estaré contigo —le respondió Dios—. Y te voy a dar una señal de que soy yo quien te envía: Cuando hayas sacado de Egipto a mi pueblo, todos ustedes me rendirán culto en esta montaña."

Dios contesta inmediatamente a Moisés y le dice que estará con él, esta es una clave de la vida de todo cristiano si quiere tener coraje. Para vivir una aventura llena de coraje en nuestra vida necesitamos escuchar que Dios estará con nosotros y la forma de escucharle es teniendo una relación personal con Él.

Solo Dios nos brinda el coraje para vivir la aventura de la vida, leer su Palabra nos llena de coraje para enfrentar las adversidades, vencer las tentaciones que puedan venir a la vida y vivir de victoria en victoria. ¿Queremos vivir una vida con coraje? No se puede esperar más, debemos establecer una relación con Dios para que en nuestra vida Él esté siempre presente, para animarnos y estar con nosotros todos los días de nuestra vida, como estuvo con Moisés. Así lo confirma Josué 1:5: *"Durante todos los días de tu vida, nadie será capaz de enfrentarse a ti. Así como estuve con Moisés, también estaré contigo; no te dejaré ni te abandonaré."*

Esta es una promesa para la vida de todos y en definitiva ir en una aventura acompañado nos ayuda a tener valor, pero si es con Dios definitivamente tendremos el coraje para enfrentar cualquier situación.

Hoy todos debemos tener el coraje para emprender un viaje, una aventura sin límites al lado de Dios, un viaje en una relación con Dios. Moisés mantuvo el valor todo el tiempo gracias a que sabía que Dios estaba con él. Un cristiano debe entender esto también y la manera de hacerlo es teniendo una relación con Dios, una aventura diaria con Dios, la lectura de su Palabra y la oración se vuelven una aventura para la vida de todos, pero hay que tener el coraje de tomar el reto.

La Tierra Prometida (en hebreo: ha-Aretz ha-Muvtajat) es uno de los nombres para la Tierra de Israel, es decir, la región que según la Biblia hebrea le fue prometida por Yahvé a Abraham y sus descendientes. La Tierra Prometida se describe en el Antiguo Testamento entre la costa de Egipto hasta la orilla del río Éufrates.

¿Cuántas veces ayunó Moisés 40 días y 40 noches? La respuesta se halla en Éxodo capítulos 24 y 34.

"Nadie podrá derrotarte jamás, porque yo te ayudaré, así como ayudé a Moisés. Nunca te fallaré ni te abandonaré" (Josué 1:5).

Un viaje que habla de persistencia

Cómo mantenerse firme y saludable.

En la universidad es muy común escuchar a los jóvenes decir que los cursos deberían de ganarse por persistencia, lo que en realidad quieren decir con esto es que deberían de ganar el curso solamente por terminar el semestre dentro del aula. Aun cuando no nos guste, aun cuando las cosas van mal, seguimos intentando una y otra vez, incluso cuando fallamos, se debe seguir intentando... ¡Eso es persistencia!

La vida devocional es un viaje que necesita de persistencia; es difícil, hay que encontrar el tiempo, hay que tener la disciplina, es difícil leer las amonestaciones, es difícil mantenerse cada día siguiendo la voluntad de Dios, pero no imposible.

Imaginemos por un momento tener que dirigir a adultos, niños, jóvenes, ancianos en un juego dentro del templo, una dinámica con mucho movimiento. ¿Quiénes participarían? ¿Quiénes protestarían? ¿Quiénes nos criticarían? ¿Quiénes nos apoyarían? ¿Quiénes nos ignorarían? Toda una serie de preguntas y solamente hablamos de unos pocos de nuestra congregación.

Ahora imaginemos a Moisés dirigiendo a aproximadamente dos millones de personas para un viaje de cuarenta días por el desierto, que, por cierto, se complicó hasta convertirse en cuarenta años, rumbo a la tierra prometida. Sin duda alguna Moisés tuvo la persistencia de llegar hasta ese lugar porque era la promesa de Dios para su pueblo.

Cuando finalmente escuchamos la voz de Dios a través de una búsqueda constante de su voluntad, por medio de una vida devocional, podremos realizar el viaje de nuestra vida con persistencia, superar las dificultades y los problemas, y seguiremos luchando a pesar de las circunstancias. Todo esto solo será posible gracias a una vida devocional. El participar de esa aventura diaria con Dios nos mantendrá firmes y saludables en el viaje de la vida.

Si alguien llega a fallar en su aventura diaria con Dios no debe de desmayar. Este es un viaje largo y de aprendizaje, es un hábito que se va formando, pero la clave es ser persistente.

Quizá en nuestra aventura diaria debamos hacernos acompañar al principio por alguien más, pero conforme avancemos vamos a ir comprendiendo lo especial de establecer una relación personal e íntima con Dios, a través de hablar con Él (oración) y conocer su voluntad (leer la Biblia). El cristiano no debe dejar pasar el tiempo para realizar su aventura diaria, debemos pensar que es como lavarse los dientes o la cara. Pero este

"El hombre que tiene a Dios por su posesión, tiene todo lo que es necesario tener" (A. W. Tozer).

será el hábito que más beneficio traerá a nuestra vida y nos mantendrá siempre muy alertas, para asimilar las instrucciones de Dios y ponerlas en práctica.

¿Qué Aprendimos?

El cristiano que practica una relación devocional diaria con Dios vive su vida en un viaje lleno de esperanza y coraje. Cada joven y jovencita debe persistir en el hábito de la oración y lectura de la Palabra, base saludable para su crecimiento en la vida cristiana.

Actividades

Tiempo 20'

INSTRUCCIONES:

1. En grupos de 3 a 4 integrantes compartan una aventura que hayan tenido con sus papás o con sus compañeros de colegio o de trabajo, de preferencia debe ser divertida.

2. Esta actividad tiene el propósito de inventar una historia de aventura entre todos. Formen un círculo entre todos en la clase incluyendo al maestro/maestra tambien. El primero iniciará con la frase: "Había una vez…", luego el siguiente a su derecha continuará con otra frase, por ejemplo: una señorita. El siguiente agregará otra frase y así hasta que el maestro considere que tienen una historia.

3. Evalúe sus relaciones: Describa cómo es su relación actual con cada una las personas que aparecen en el cuadro. Al final responda a las preguntas.

Mis padres	
Mis amigos o compañeros	
Mis Hermanos y hermanas	
Mis vecinos	
Mis hermanos y líderes en la iglesia	
Conmigo mismo o misma	

a. ¿Cuáles son mis relaciones de mayor calidad?
_____

b. ¿A qué se debe, es decir qué es lo que estoy haciendo que hace la diferencia?
_____
_____

c. ¿Qué puedo aprender de todo esto para aplicarlo a mejorar mi relación con Dios?
_____
_____

Notas

Lección 4

EMOCIONES EN LA AVENTURA

Objetivos

- Conocer como juegan el carácter y las emociones en el liderazgo.
- Identificar los tipos de carácter en ejemplos bíblicos.
- Comprometerse para desarrollar el carácter de Jesús.

Ideas Principales

- El carácter, el temperamento y las emociones, son parte fundamental del ser humano.
- Jesucristo es nuestro máximo modelo de carácter.
- Un carácter y emociones bien encaminados, nos llevan a tener un liderazgo efectivo.

Introducción

¿Qué es lo que nos han heredado nuestros antepasados, el carácter o la personalidad?

La vida del cristiano, y sobre todo en el ministerio juvenil, es una grandiosa aventura que envuelve la totalidad de nuestra experiencia. No podemos embarcarnos en tal aventura y dejar de lado parte de lo que nosotros somos. El ser humano fue creado por Dios, y las emociones, así como el carácter y el temperamento, son parte fundamental de lo que es nuestra naturaleza. Por esta razón es de suma importancia aprender el papel que estas juegan en nuestro desarrollo natural como personas, como líderes y como ministros.

Carácter o temperamento

En la sección siguiente abordaremos los conceptos básicos.

En el ministerio juvenil nos encontramos con una diversidad inmensa de personalidades. Desde el adolescente que aún está en proceso de definir gran parte de su personalidad, y por esto le atrae o le gusta todo cuanto se le cruce frente a él, hasta los universitarios con personalidades bien definidas, y con planes claros para el futuro. Es en medio de este abanico multicolor donde el líder debe intervenir e influir positivamente en cada persona según su personalidad.

Esta tarea no es fácil, sobre todo si tomamos en cuenta los factores que entran en juego para su realización. El líder cristiano, y especialmente entre los jóvenes, debe estar consciente de los diferentes caracteres y temperamentos con los que trata en el desarrollo de su ministerio, ya que estos son dos factores que determinan las actitudes, respuestas emocionales y reacciones que en un momento dado, bajo ciertas circunstancias o estímulos, saldrán a flote en cada uno de los jóvenes a quienes ministramos. Pero aún más importante que conocer a los demás, el líder juvenil debe conocerse a sí mismo. Si el líder no conoce a sus liderados y no se conoce a sí mismo, siempre estará liderando por debajo de su potencial.

Cuando hablamos de carácter nos referimos al "conjunto de cualidades o circunstancias propias de una cosa, de una persona o de una colectividad, que las distingue, por su modo de ser u obrar, de las demás" (Real Academia Española). El carácter es considerado generalmente como adquirido, se determina durante el desarrollo de cada ser humano, y el desarrollo de este se ve influido por factores externos a la persona, como la crianza, el contexto social, cultural y económico, la educación académica, entre otros. Esta multitud de factores que influyen en la formación del carácter tiene como resultado, una diversidad de formas de carácter. Cuando logramos entender un poco acerca del carácter de una persona, lograremos entender la razón de su forma de actuar y de reaccionar en ciertas circunstancias y podremos intervenir intencionalmente. De la misma manera, el conocer nuestro propio carácter nos ayudará a entender nuestras propias actitudes y reacciones, y poner especial atención en las áreas de nuestro carácter en las que debemos trabajar, para así también corregir nuestro comportamiento.

Personalidad conjunto dinámico de características psíquicas de una persona, la organización interior que determina que los individuos actúen de manera diferente ante una determinada circunstancia.

El temperamento, por otra parte, se asocia más a la herencia genética, nos habla más de una tendencia o predisposición a cierto tipo de reacciones sentimentales. El temperamento es considerado generalmente como determinado, por lo que a diferencia del carácter este no se puede moldear, pero sí controlar y dirigir o manejar. Sin embargo, es muy importante entenderlo, pues determina en gran medida nuestras reacciones emocionales, bajo ciertas circunstancias; y así podemos encaminar correctamente nuestras emociones.

Tabla de los Cuatro Temperamentos

Fortaleza	Debilidad	Debilidad	Fortaleza
Sanguíneo			**Colérico**
Expresivo		Frío y no emocionado	Voluntarioso
Atento	Indisciplinado	Auto-suficiente	Independiente
Cálido y amistoso	Inestable	Impetuoso	Visionario
Hablador	Improductivo	Dominante	Práctico
Entusiasta	Egocéntrico	Rencoroso	Productivo
Compasivo	Exagerado	Sarcástico	Decidido
		Irascible	Líder
		Cruel	
Melancólico	Variable	Sin motivación	**Flemático**
Dotado	Auto-centrado	Moroso	Tranquilo
Analítico	Propenso a persecución	Egoísta	Confiable
Estrategia	Vengativo	Mezquino	Objetivo
Abnegado	Susceptible	Auto-protector	Diplomático
Trabajador	Teórico	Indeciso	Eficaz-Organizado
Auto-disciplinado	Insociable	Cobarde	Práctico-Humorista
	Crítico	Ansioso	Calmado plácido
	Negativo		

Lección 4 - Emociones en la aventura

Nuestro modelo de carácter

En esta sección estudiaremos las cualidades del carácter de Jesús.

"Es la humanidad de Cristo la que lo convierte el verdadero máximo modelo de carácter y conducta para nosotros."

Cuando hablamos del ejemplo o modelo a seguir de todo cristiano, no podemos hablar de otro más que del gran Maestro, Cristo Jesús. Al acercarnos a cada uno de los cuatro evangelios, podemos dar un vistazo al ministerio de Jesús, a través de la mirada de estos santos hombres que lo experimentaron de primera mano. Sin embargo los autores bíblicos nos presentan a un Jesús que muchas veces difiere del Jesús que nos hemos formado en nuestra mente a través de los años. Hay muchos cristianos que han idealizado tanto la persona de Cristo, que han llegado a deshumanizarlo. Por esto es necesario que regresemos a la Biblia, la fuente de nuestra fe, para dar un vistazo al Jesús que nos presenta.

Aunque Jesús seguía siendo Dios durante su ministerio, no podemos ni debemos olvidar que también fue humano, con todo lo que esto implica. La Biblia nos presenta a un Jesús que se enojó (Juan 2:13-17), que lloró (Juan 11:35), que se cansó (Juan 4:6), que tuvo necesidades físicas (Mateo 4:1-2; Juan 19:28) y que buscó librarse del sufrimiento que le esperaba (Lucas 22:42). Todos estos pasajes nos muestran a un Jesús hombre, que experimentó los sentimientos y las necesidades propias de los humanos. Es la humanidad de Cristo la que lo convierte el verdadero máximo modelo de carácter y conducta para nosotros.

Termino griego **logos** se traduce "palabra" y se refiere mas al pensamiento que se transmite que a las letras. En el Nuevo Testamento se refiere como logos a la verdad de Dios proclamada en forma oral o escrita (Mr. 4:14, 2 Ts. 2:15). El logos eterno es una persona viviente dónde la palabra de Dios se ha encarnado, Jesucristo la palabra viva (Jn. 1:1-14).

Al analizar el carácter de Jesús encontramos dos características que tienen un sumo impacto en su vida y ministerio, así como en su obra redentora, el amor y la compasión. Estos son más que dos simples conceptos relacionados íntimamente entre sí, constituyen el centro de todo lo que Jesús hizo. En Juan 3:16 encontramos que el amor es lo que motiva la encarnación y el plan divino de redención. Esto quiere decir, que el solo hecho de que el "logos divino" se haya hecho hombre (Juan 1:14) es un acto de amor.

De esta manera, desde su nacimiento hasta su muerte y resurrección, todas las acciones de Jesús fueron impulsadas por el amor, al punto que aun estando en la cruz dijo *"Padre, perdónalos, porque no saben lo que hacen"* (Lucas 23:34). Asimismo la compasión constituye un elemento fundamental en el ministerio de Cristo. La Biblia nos menciona en repetidas ocasiones que Jesús tuvo compasión de sus seguidores (Mateo 9:36, 15:32, 20:34; Marcos 8:2; Lucas 7:13), pero no se refiere a un simple sentimiento de lástima, la verdadera compasión es fruto del amor. *"De esta manera la compasión es la respuesta conmovedora del amor a la pena sentida o a alguna calamidad amenazante en la vida de otra persona"* (Taylor, R.S., Grider, J.K., Taylor, W.H.: 1995, p.132). Si el líder juvenil quiere que su ministerio sea como el de Jesús, entonces todo lo que haga debe encontrar su razón en el amor y la compasión.

"Si lo que llamamos amor no nos lleva más allá de nosotros mismos, entonces no es amor"
(Oswald Chambers).

Dominio propio

Ahora veremos como obra el Espíritu en las emociones.

En 2 Pedro 1:5-7 encontramos una lista de cualidades que todo cristiano debe cultivar, para así crecer en el conocimiento de nuestro Señor Jesucristo. De todas estas cualidades o virtudes enfoquémonos en una, el dominio propio. El dominio propio está relacionado con la autodisciplina, que consiste en subordinar las emociones, sentimientos, deseos y acciones a una serie de reglas o principios autoimpuestos que alguien elige para que rijan su vida. En este sentido, la autodisciplina o el dominio propio no son algo exclusivo del cristiano. Pueden existir personas que vivan bajo una autodisciplina rígida sin ser cristianos, sin embargo este tipo de autocontrol alejado de la gracia de Dios, estará basado en principios egoístas y ambiciosos. El dominio propio que todo cristiano debe tener y cultivar no está basado en principios vacíos de autoprotección o autosatisfacción, sino en la obra de la gracia salvadora de Dios, aplicada a nuestros corazones por el Espíritu Santo.

2 Timoteo 1:7 dice: *"Pues Dios no nos ha dado un espíritu de timidez, sino de poder, de amor y de dominio propio"*. Dios es quien nos da el poder de dominarnos a nosotros mismos. Esto apunta directamente al centro de lo que nosotros somos, y principalmente a nuestro carácter y temperamento. Dios nos hizo seres emocionales, con un temperamento propio y caracteres diversos, el dominio propio no significa despersonalización, no es suprimir cualquier emoción o rasgo de personalidad en nosotros. Más bien es dar buen cauce a esos rasgos personales y emocionales que nos hacen ser únicos, y que Dios mismo los puso en nosotros. Sin embargo esta subordinación voluntaria y total a la voluntad de Dios, no es posible si Él no la comienza y perfecciona. Todo cristiano debe estar dispuesto a dejar que el Espíritu de Dios obre en su corazón y ponga ese dominio propio en nosotros. Y cuando Él lo haga, entonces recibiremos la capacidad, que no proviene de nosotros, para encaminar nuestro carácter, temperamento y emociones, para el servicio de Dios en el ministerio.

Dentro de la aventura del ministerio juvenil será primordial llegar a un estado de dominio propio. Ya que continuamente nos enfrentaremos a situaciones o problemas que nos llevarán a sacar lo peor de nuestro carácter. Sin embargo, si dejamos que Dios sea el que moldee nuestro carácter y nos dé la capacidad de controlar y encaminar nuestras emociones de la manera correcta, no solamente nos ayudará a mantener un buen testimonio; sino que podremos servir mejor a quienes ministramos y así usar todo el potencial que Dios puso en nosotros.

*El **dominio propio** está relacionado con la autodisciplina, que consiste en subordinar las emociones, sentimientos, deseos y acciones a una serie de reglas o principios autoimpuestos que alguien elige para que rijan su vida.*

Lección 4 - Emociones en la aventura

Emociones y relaciones

Ahora veremos a un hombre llamado "consolador".

En el libro de los Hechos encontramos una serie de relatos que nos muestran cómo era la vida de los primeros cristianos, y cómo el evangelio se extendió en los primeros años del cristianismo. Uno de los personajes más recordados de este libro es José, quien es más conocido por el sobrenombre que le habían puesto los apóstoles, Bernabé.

Aunque podríamos abordar muchos de los pasajes que nos hablan de él, hay uno en especial que habla del carácter de Bernabé en Hechos 4:36... *"José, un levita natural de Chipre, a quien los apóstoles llamaban Bernabé (que significa: Consolador)"*. Primero se refiere a los orígenes de Bernabé, un judío, de la tribu de Leví y nacido en Chipre (una isla en el Mediterráneo); después la Biblia nos da un dato curioso que nos deja echar un vistazo al carácter de José, tenía por sobrenombre Bernabé. El hecho de que los apóstoles le llamaran Bernabé, hace referencia a la forma en que este hermano se relacionaba con los demás, es decir, que era reconocido por un carácter bueno y agradable (Hechos 11:24).

*Sinónimos de **afable** son: cordial, afectuoso, amable, atento, simpático, asequible.*

El ser humano es un ser emocional, Dios puso las emociones en nosotros, y la forma en que expresamos lo que sentimos influirá directamente en nuestras relaciones interpersonales. Cada líder cristiano debería tener como meta llegar a ser conocido, como Bernabé, por su carácter bondadoso. El que le pusieran por sobrenombre "el consolador" a José, nos habla de que reconocían en él cierta autoridad, y le daban un lugar especial, no por el nombramiento que tenía, ni por un título eclesiástico, sino porque se lo había ganado por el testimonio que daba entre los hermanos.

El liderazgo cristiano, y sobre todo el liderazgo juvenil, no puede basarse en un puesto o posición, debe estar basado en la relación y en la confianza que le brindan las personas. Y en esta aventura, el carácter y las emociones de cada uno son primordiales para tener un liderazgo efectivo.

¿Qué Aprendimos?

Dios nos creó como seres emocionales con un carácter y temperamento propios, estos deben ser encaminados de forma correcta. Cuando dejamos que el Espíritu Santo sea quien moldee nuestro carácter y nos dé dominio propio, entonces podemos ser líderes eficaces.

Actividades

Tiempo 20'

INSTRUCCIONES:

1. Enliste cinco características buenas de su carácter y cinco cosas en las que debe trabajar para mejorarlo.

Lo bueno en mi carácter	Lo que debo trabajar en mi carácter
_____	_____
_____	_____
_____	_____
_____	_____
_____	_____

2. Según las características de cada temperamento, identifique cuál es el que más se parece a usted.
_____
_____
_____
_____

3. En su opinión ¿cuál es la importancia de las emociones en el ministerio juvenil?
_____
_____
_____
_____

4. En grupos de 3 a 4 integrantes respondan: ¿Cómo puede afectar el liderazgo de una persona de mal carácter al grupo de jóvenes?
_____
_____
_____
_____
_____
_____

Notas

Lección 5

EL LÍDER DE LA AVENTURA

Objetivos
- Apreciar la libertad y pureza que nos provee el Espíritu Santo.
- Comprender que el Espíritu Santo quiere dirigir nuestra vida y liderazgo.
- Valorar el amor de Dios y la herencia que nos ha dado para transmitirla.

Ideas Principales
- El Espíritu Santo es la tercera persona de la Trinidad, sobrenatural, intangible e invisible.
- El Espíritu es el consolador que dejó Jesús luego de su ascensión.
- El Espíritu Santo está presente en nuestra vida, purificándonos y guiándonos.

Introducción

El líder es la persona que tiene la capacidad de dirigir, orientar, conducir a otros hacia un fin en beneficio de los demás, siempre tiene seguidores a los cuales discípula por medio de su diario vivir.

Un líder busca el bien del equipo, cuida de ellos y ellas, los dirige hasta lograr los objetivos establecidos previamente. También se entiende como la capacidad de delegar, tomar la iniciativa, gestionar, convocar, promover, incentivar, motivar y evaluar un proyecto, de forma eficaz y eficiente, sea éste personal, institucional o ministerial.

¿Qué imagen viene a tu mente cuando piensas en un líder?

Un líder no es un superhéroe o heroína. A través de la biblia encontramos grandes personajes que desarrollaron su liderazgo con el pueblo, seres humanos que perseguían objetivos nobles y que sin perder su humanidad, se rindieron ante la voluntad de Dios. Dios tiene un plan sobrenatural para cada líder que él llama, según su lugar y su época, pero dentro de su plan eterno de salvación.

¿Recordamos el pasaje de los "huesos secos" en Ezequiel 37? Dios le mostró al profeta Ezequiel una visión de debilidad: un valle de huesos secos. Era la imagen de gente que fracasó en el crecimiento. Dios le preguntó a Ezequiel: *"¿Podrán vivir estos huesos?" y Ezequiel respondió: "Señor omnipotente, tú lo sabes"* (Ezequiel 37: 3-4). Dios lo sabía, e hizo que vivieran.

"Crecer en el Espíritu es imprescindible para la supervivencia de nuestra vida cristiana y ministerio."

En una oportunidad la autora de ésta lección conoció a un hombre llamado Juan. Él era un adicto y perdió a su familia, perdió todo, pero cuando encontró a Dios, renunció a su adicción y recuperó su vida. También conoció a un hombre llamado Pedro, que era un esclavo, que vivía atormentado por los impulsos sexuales, pero permitió que Dios controlara su vida y eso cambió. En otra ocasión conoció a una mujer, que odiaba tanto la confrontación que una vez hizo un largo viaje con su mejor amiga en silencio para evitar un enfrentamiento, pero conoció a Dios y hoy habla con todas las personas por recreación.

Dios quiere que crezcamos, el ideó el crecimiento y lo desarrolla por medio de su Espíritu en nosotros. El Espíritu Santo se convierte en el líder de nuestra aventura de vida cristiana, y este crecer en el Espíritu es imprescindible para la supervivencia de nuestra vida cristiana y ministerio.

Ser libres

No podemos vivir esta gran aventura sin ser libres de los deseos de la carne.

No a todos les gusta una ensalada de verduras, carnes, vegetales, granos y frutas por el hecho de la combinación de sabores. Igual de "loco" es querer hacer una combinación con un poco del Espíritu Santo y poco del espíritu del mundo en nuestra vida. La Biblia dice en Romanos 8:2: *"Pues por medio de él la ley del Espíritu de vida me ha liberado de la ley del pecado y de la muerte"*. ¡Él nos hace libres!

En la vida nos encontramos con muchas cosas que nos atan a tal grado de no saber cómo obtener libertad; muchos líderes están viviendo aún esas ataduras como la mentira, la irresponsabilidad, la falta de integridad, la pelea constante con su carácter y cosas semejantes, olvidando que cuando se exceden los límites de Dios estamos cometiendo transgresión (pecado). Dice 1 Juan 3:4: *"Todo el que comete pecado quebranta la ley; de hecho, el pecado es transgresión de la ley"*.

"Todo el que peca, desobedece la ley de Dios, porque el pecado consiste en desobedecer a Dios" (1 Juan 3:4, TLA).

Cada uno de nosotros estaba condenado a la muerte eterna por nuestro pecado, bíblicamente encontramos que no existe justo ni aun uno, que solo por medio de Jesús, su sacrificio en la cruz y su victoriosa resurrección venciendo a la muerte, encontramos salvación. ¡Él nos hace libres!

Una vida de libertad y gozo está disponible ahora mismo, nuestra tarea principal es permanecer conectados a Dios por medio de su Espíritu Santo, porque si mi enfoque principal está en cualquier otra cosa, mi vitalidad interior sufre y me convierto en una versión pequeña de mí mismo. Jesús hizo asombrosas promesas acerca de su habilidad para transformar vidas humanas, y esto no es algo que nosotros podamos producir por nosotros mismos, proviene del Espíritu de Dios

"La grandeza espiritual no tiene nada que ver con ser más grande que otros. Tiene que ver con ser tan grande como cada uno de nosotros pueda serlo" (Henry Nouwen).

Henri Nouwen, escribió: *"La grandeza espiritual no tiene nada que ver con ser más grande que otros. Tiene que ver con ser tan grande como cada uno de nosotros pueda serlo"*. Existe un punto importante, cada uno de nosotros somos únicos y diferentes a otras personas y tambien tenemos diferentes ataduras, pero todas estas pueden ser rotas por el Espíritu si se lo permitimos. El plan de Dios es que seamos libres, no como un deber, sino porque lo deseamos. Dios nos creó para que anhelemos el plan de libertad que él diseñó para nosotros.

Del otro lado de la muerte está la libertad. Y nadie es más libre que un hombre muerto, por eso la Biblia enseña que debemos morir a nuestros deseos carnales (Gálatas 5:24). Estos deseos son engañosos, no nos llevan a una vida mejor y más feliz. Todo cristiano debe rendir esos deseos que le atan para tener verdadera libertad en Cristo.

Lección 5 - El líder de la aventura

Ser líderes

Es la gracia del Espíritu Santo la que capacita al líder.

"Cristo nos libertó para que vivamos en libertad. Por lo tanto, manténganse firmes y no se sometan nuevamente al yugo de esclavitud" (Gálatas 5:1). La gracia nos puede liberar para disfrutar de la vida abundante que Jesús prometió. El Espíritu Santo nos capacita y prepara, colmándonos de su gracia y de su poder, día a día por medio de nuestra lectura y pláticas continuas con Él, para realizar fielmente su misión de ser líderes libres y ser de bendición a otros.

Gracia: El amor gratuito de Dios hacia el ser humano (Efesios 2:4-10).

Apocalipsis 22:1-2 dice: *"Luego el ángel me mostró un río de agua de vida, claro como el cristal, que salía del trono de Dios y del Cordero, y corría por el centro de la calle principal de la ciudad. A cada lado del río estaba el árbol de la vida, que produce doce cosechas al año, una por mes; y las hojas del árbol son para la salud de las naciones."*

¡Wow! Se imaginan un árbol que da su cosecha todos los meses, en ningún otro lugar existe. Esta escena es una imagen del florecimiento supremo, porque el agua fluye de Dios, la fuente de vida. En particular cuando formamos parte de la corriente del Espíritu, nos llenamos cada vez más del fruto del Espíritu: *"Amor, gozo, paz, paciencia, amabilidad, bondad, fidelidad, humildad, y dominio propio"* (Gálatas 5:22-23). El mejor indicador de que estamos viviendo en el mover del Espíritu es el fruto que estamos dando. Cuando damos fruto guiamos a otros a servir, a llenarse del Espíritu, a crecer y a permanecer junto al río de Dios.

Uno de los frutos del Espíritu en el líder es la facultad para ejercer autoridad sobre las personas. El Espíritu nos hace libres para ejercer autoridad espiritual. Un líder en el Espíritu no tiene que salir en defensa de sí mismo, ni de su autoridad pues Dios mismo es su defensa. Dios le ha conferido autoridad espiritual y su presencia se manifestará en él o en ella. En ocasiones todo líder habrá que confrontar a personas que se revelan a cualquier forma de autoridad, pero esto no significa que se revelan contra el líder, sino contra lo que él representa.

Entendiendo que, autoridad se describe como una facultad, podemos decir que el Espíritu de Dios nos faculta para guiar, dirigir y cuidar a otros en el proceso de su encuentro con Jesucristo y en su aventura de desarrollo espiritual, buscando que lleguen a cumplir el propósito de Dios en sus vidas.

Otro de los frutos del Espíritu en la vida del líder, es convertir su vida en una fuente de bendición para la vida de otras personas. El líder experimenta a Dios en adoración, su presencia se derrama en su vida y ello redunda en que otros son llevados a postrarse en adoración también. La vida del líder lleno del Espíritu influye en otros para que se vuelvan a Dios, para que vean su gloria, su grandeza, su majestad, su hermosura, su perfección. ¡Dios usa la vida de sus líderes para obrar maravillas!

Podemos orar y pedir a Dios que nos permita ver su gloria, a través de sus atributos y su carácter revelándose a nuestra vida; saborear su misericordia que es mejor que la vida, entender cuán grande es su fidelidad para que nos gocemos y le adoremos en verdad.

La formación espiritual es el proceso por el cual nuestro ser interior y el carácter son formados. Algunas veces la gente habla de la formación espiritual como una actividad opcional que algunos "religiosos" persiguen y otros pasan por alto. Creen que está reservada para pastores, misioneros u otros, sin embargo eso no es verdad.

Dios anhela tener intimidad con cada persona por medio del Espíritu Santo y como líderes llamados a formar lideres nos corresponde buscarlo, desearlo intensamente. Cada día debemos hacer lo que sea necesario para mantener un tiempo con Él de tal forma que esto se emane y seamos de bendición a otros por medio de nuestra adoración.

Formación espiritual: Es el proceso de transformación operado por el Espíritu Santo en los hijos e hijas de Dios, con el propósito de reproducir en ellos la semejanza de Jesucristo. Para que esto sea posible se requiere de la participación voluntaria de la persona practicando disciplinas individuales y comunitarias que le permitirán profundizar su relación con Dios, como son: el estudio y meditación de la Palabra, la oración, lecturas espirituales, el servicio cristiano, congregarse, entre otros.

Hijos herederos por medio de su amor

Hay un premio preparado en la vida eterna para los líderes fieles.

El Espíritu Santo y Jesucristo, siguiendo la línea del amor generoso del Padre, nos envía a anunciar la buena nueva. Para este fin está en busca de líderes, para que sean colaboradores suyos, en esta gran aventura del amor de Dios. Cuando aceptamos este desafío, elegimos vivir en una forma sobrenatural, en la cual el Espíritu Santo se hace presente de forma dinámica, activa y poderosa en nuestro ser. Nos da la capacidad para pensar en Dios, los permite experiementar emociones y sentimientos al amarle y experimentar su amor, y nos permite ejercer la voluntad para decidirnos por Él.

El éxito de un líder cristiano se mide en la obediencia y fidelidad a la misión que le ha sido encomendada. Como resultado de este compromiso este amor hacia Dios y su obra crece y el líder se mantiene firme marchando en esta aventura.

"¡Fíjense qué gran amor nos ha dado el Padre, que se nos llame hijos de Dios! ¡Y lo somos! El mundo no nos conoce, precisamente porque no lo conoció a él" (1 Juan 3:1, NVI).

El Espíritu Santo no está interesado en ejercer una presencia pasiva en la vida del líder. Él quiere venir a hacer morada, pero también quiere manifestarse. El Espíritu Santo quiere actuar, él es Jesucristo presente con nosotros y en nosotros, él quiere movilizarnos a compartir su amor y su mensaje de compasión.

Si afirmamos ser discípulos, entonces somos también llamados y enviados. El reto más grande está en nuestro mismo hogar, comunidad, contexto. Dios está llamando a cada uno y cada una a salir de su zona de confort, a dejar su *statu quo*, a dar todo o nada, él está retándonos a empatizar con la gente, nos dice: *"vende todo lo que tienes y dalo a los pobres"* (Marcos 10:21). Jesús sueña con que todos puedan conocerle por medio

Lección 5 - El líder de la aventura

Statu quo: *expresión en idioma latín que significa el estado en que las cosas se encuentran en un determinado momento.*

nuestro, el seguirá moldeándonos en el camino, pero mientras vamos en esta aventura somos responsables de formar a otros.

El Espíritu Santo como testigo da evidencia en nuestro corazón de que: *"Y, si somos hijos, somos herederos; herederos de Dios y coherederos con Cristo, pues si ahora sufrimos con él, también tendremos parte con él en su gloria"* (Romanos 8:17). Las bendiciones de esta gran herencia están reservadas para todo líder en el cielo; están siendo preparadas para nosotros ahora mismo (Juan 14:1-3); este será un lugar especial en la presencia de Dios, libres de problemas y luchas.

¿Qué Aprendimos?

El Espíritu Santo nos santifica y nos proporciona libertad en Cristo, cuando rendimos nuestras vidas a Él. El Padre Celestial nos ha amado, nos redimió, nos adoptó y nos hizo herederos por su gracia. Todo líder cristiano es responsable de compartir esta herencia y pasarla a nuevos discípulos.

Actividades

INSTRUCCIONES:

1. ¿Cuál debe ser la relación personal entre el líder y el Espíritu Santo? Marque con V las afirmaciones verdaderas y con F las afirmaciones que son falsas.

___ La presencia del Espíritu Santo no influye en su manera de actuar.
___ El Espíritu moldea sus sentimientos, pensamientos y actitudes.
___ Aprende a conocer y amar cada día más a Dios y a servir a la gente.
___ Los deseos de la carne siguen siendo de tropiezo permanente en su vida.
___ El compromiso con la obra de Dios se paraliza porque pierde el entusiasmo.
___ Ha rendido su voluntad a Dios y ha muerto a los deseos de la carne.
___ Todo su ser interior y su carácter son transformados para ser como su pastor.
___ Crece en relación íntima con Dios, orando y leyendo su Palabra cada día.
___ El Espíritu le mueve a invertir tiempo en pasarla bien, disfrutando la vida.
___ Cada día vive la emoción de llevar a sus amigos y conocidos a Jesucristo.
___ Disfruta servir a Dios, instruyendo a otros en el camino de la fe.
___ Cree que la vida santa es para los ancianos de la iglesia, no para los jóvenes.

2. ¿Qué es lo que un líder cristiano necesita hacer para ser libre de los deseos de la carne?
_____

3. En grupos de 3 a 4 integrantes respondan a las siguientes preguntas. Al finalizar compartan con el resto de la clase.

a. ¿Cuáles son los peligros en que puede caer un líder que se considera a sí mismo un héroe o heroína? Mencionen 4 ejemplos.
_____
_____
_____
_____

b. ¿En qué áreas de su vida personal el líder juvenil necesita la ayuda sobrenatural del Espíritu Santo? Mencionen 4 ejemplos.
_____
_____
_____
_____

c. ¿Para qué situaciones específicas del ministerio que enfrenta un líder juvenil necesitará capacitación y preparación del Espíritu Santo? Mencionen 2 ejemplos.
_____
_____

d. ¿Cuál es la diferencia entre un líder que sirve en la carne a uno que sirve en el Espíritu? Mencionen 4 diferencias que otros pueden notar en su desempeño y los frutos de su ministerio.
_____
_____
_____
_____

Lección 6

Relación con el prójimo

Objetivos
- Definir el concepto del prójimo.
- Conocer lo que la Biblia nos enseña sobre el amor al prójimo.
- Valorar las relaciones de amistad en el ministerio juvenil.

Ideas Principales
- El Hijo de Dios encarnado compartió sus conocimientos, necesidades, sentimientos, experiencias y ayudó a los demás tomando en cuenta sus necesidades.
- Tenemos dificultades en las relaciones porque no conocemos del todo bien a las personas.
- Las mejores relaciones son aquellas que se cultivan cara a cara.

Introducción

Un estudio publicado de la Universidad de Berkeley (EE.UU.) concluyó que la generosidad es más común entre personas menos religiosas. El estudio revela que los cristianos tienen menos amor por sus prójimos que los no creyentes. ¿Qué pasa con ellos? Será que no han entendido que Dios es amor y que por eso demanda amor de nosotros hacia a él y, como consecuencia, también al prójimo.

Nosotros, la iglesia de Cristo, debemos tomar conciencia de la gran necesidad de primero amarnos entre hermanos, para que luego podamos amar a todos nuestros prójimos. Como jóvenes tenemos la oportunidad de involucrarnos en acciones de amor y tambien de enseñar a otros jóvenes cómo demostrar el amor a otros. Es importante recordar que cuando amamos a otros, redunda en gran bebeficio para nuestra vida.

Definiciones

En esta sección vamos a definir algunos términos.

¿Quién es nuestro prójimo? El término "prójimo" se refiere a una persona o a un grupo de personas que nos rodea y con quién o quienes tenemos la oportunidad de iniciar una relación. Dentro de ellos se incluyen personas de nuestra familia, amigos, hermanos de la iglesia, compañeros de trabajo o de estudio, vecinos, personas que contactamos en las redes sociales, entre otros.

¿Qué hemos hecho por nuestro prójimo? Las iglesias cristianas han diseñado diferentes programas y ministerios con el fin de ayudar al prójimo. Muchos de ellos ven al prójimo como aquella persona que necesita ayuda, pero sin preocuparse por conocer lo que en realidad necesita. Otro caso es el de los miembros de las iglesias, que asisten fielmente a las actividades programadas, convencidos de que con ello son parte del equipo y cumplen

---

*Sinónimos de **prójimo** son: socio, individuo, sujeto, semejante.*

"Amarás al Señor tu Dios con todo tu corazón. Con toda tu alma, con toda tu mente y con todas tus fuerzas y a tu prójimo como a ti mismo" (Lucas 10:27 RV1995).

con lo que la Biblia les demanda. Pero muchas veces esas actividades son enfocadas en las necesidades de los mismos organizadores y no toman en cuenta las necesidades de la congregación y la comunidad.

Gálatas 5:14 dice: *"Porque toda la ley de Dios se resume en un solo mandamiento: 'Cada uno debe amar a su prójimo como se ama a sí mismo'."* Lo único que debemos hacer con nuestro prójimo es amarlo, así como nosotros nos tomamos tiempo en pensar en nuestras necesidades, cuidados personales, salud, bienestar, comodidad, hacer planes, conseguir logros académicos entre otros, también debemos de tomarnos el tiempo de ayudar a nuestro prójimo a cumplir sus metas y sueños. Esa persona que está próxima a nosotros también necesita que le pongamos atención a sus necesidades.

¿Se puede lograr amar al prójimo? Jesús es el mejor ejemplo de cómo relacionarnos con nuestro prójimo. Jesús siendo el Hijo de Dios necesitó relacionarse con otras personas, él conformó un equipo de trabajo para cumplir su propósito (discípulos), él también tuvo amigos, familia, vecinos y conocidos. Jesús estuvo con personas que conoció en medio de problemas (como la mujer adúltera en Juan 8), personas que tenían una profesión (pescadores), personas con alto grado de intelectualidad (escribas), con un puesto público (cobradores de impuestos, soldados), líderes religiosos (fariseos) y otros. Jesús definitivamente supo desarrollar excelentes relaciones interpersonales.

¿Puedes pensar en algunas necesidades de las personas con que te relacionas a diario, como el chofer del bus, la cajera de la tienda, un vecino, un compañero de trabajo o estudio, u otro?

El Hijo de Dios encarnado compartió sus conocimientos, necesidades, sentimientos, experiencias y ayudó a los demás tomando en cuenta sus necesidades; fue esa la razón por la que resumió las leyes en dos muy claras (Marcos 12:30).

Relaciones íntimas y relaciones sociales

En esta sección describiremos los dos niveles de relaciones interpersonales.

¿Por qué a nosotros nos cuesta muchas veces tener buenas relaciones con la persona más cercana? Según un estudio de la Universidad del País Vasco existen dos niveles muy generales sobre las relaciones, las relaciones íntimas y relaciones sociales.

Relaciones íntimas

Las relaciones íntimas se refieren a las que mantenemos con nuestros amigos (incluyendo el noviazgo). Son esas relaciones con personas con las que hemos establecido una amistad. La Biblia menciona en Proverbios 17:17: *"el amigo siempre es amigo, y en los tiempos difíciles es más que un hermano"* (TLA), describiendo esa clase de amistad profunda, íntima a la que no referimos.

Lección 6 - Relación con el prójimo

Los amigos son de las personas más importantes en nuestra vida, ya que nos influencian directamente y por eso es importante escogerlos bien. Por ejemplo, nosotros deseamos que nuestros amigos sean sinceros y leales, pero así como deseamos que sean con nosotros, debemos nosotros responder con la misma calidad de amistad. El libro de 1 Samuel menciona el ejemplo de la amistad entre David y Jonatán, la cuál prevaleció a pesar de las dificultades y el tiempo.

Cuando nos vemos a nosotros mismos, ¿cómo nos calificamos? ¿Somos buenos o malos amigos? Para evaluarnos mejor veremos a continuación la historia de unos niños que creían ser amigos:

Érase una vez dos niños que iban caminando por el bosque. Estos niños eran amigos desde hacía mucho tiempo. De pronto, un oso grande y fiero salió a su encuentro, imponente con sus afiladas garras y dando unos fuertes rugidos. ¡Oh, qué espanto ante aquel animal tan feroz! El miedo era tal que uno de los niños echó a correr, y sin mirar hacia atrás ni preocuparse por nada, trepó a un árbol y se ocultó entre las ramas, para que el oso no pudiera verlo y luego poder escapar. El otro niño, despavorido, se quedó paralizado por el temor, y viendo que no tenía escapatoria del imponente animal, y que su amigo se hallaba a salvo, se quedó en medio del camino, se echó al suelo y se fingió muerto.

El oso, sorprendido, se le acercó y se puso a olerlo, pasando su nariz por todo su rostro, las orejas, el cuello, el pecho, las piernas, tratando de observar si había alguna reacción. El niño retuvo la respiración, pues sabía que si hacía algún fuerte movimiento el oso podría darse cuenta de que él pretendía engañarlo. De nuevo el oso volvió a olerle cara, le lamió las mejillas, le escudriñó las orejas, emitiendo gruñidos bajos pero tranquilos.

Tras un largo rato de olfateo, el oso creyó que el niño estaba muerto y que, por lo tanto, no suponía ningún peligro para él, por lo que se alejó. Cuando el fiero animal se marchó, el niño que estaba en el árbol bajó rápidamente y le preguntó entre risas a su amigo:

- ¿Qué te ha dicho el oso al oído?

- Me ha dicho que los que abandonan a sus compañeros en los instantes de peligro no son verdaderos amigos.

Es importante recordar lo que Romanos 13:9-10 dice: *"En la ley hay mandatos como estos: 'No sean infieles en su matrimonio. No maten. No roben. No se dejen dominar por el deseo de tener lo que otros tienen'. Estos mandamientos, y todos los demás, pueden resumirse en uno solo: 'Cada uno debe amar a su prójimo, como se ama a sí mismo'. El amor no causa daño a nadie. Cuando amamos a los demás, estamos cumpliendo toda la ley"* (TLA).

Cuánto tiempo duren nuestras relaciones íntimas, depende de nosotros; todos los humanos necesitamos de buenos amigos... ¡Seamos esos buenos amigos!, y así tambien encontraremos buenos amigos.

> *"Haz todo el bien que puedas, por todos los medios que puedas, de todas las maneras que puedas, en todos los lugares que puedas, a toda la gente que puedas, durante todo el tiempo que puedas"*
> (Juan Wesley).

Relaciones sociales

Otro nivel de relaciones es el nivel social. Estas son las relaciones que entablamos con una persona o un grupo de personas, con las que coincidimos en algunas actividades como ser: trabajo, estudio, vecindad, iglesia, deportes, etc. Este tipo de amistad se practica con aquellas personas con las que compartimos un tiempo en el día o durante la semana.

En Santiago 2:8-9 dice: *"Si ustedes obedecen el mandamiento más importante que Dios nos ha dado, harán muy bien. Ese mandamiento dice: 'Recuerden que cada uno debe amar a su prójimo como se ama a sí mismo', pero si ustedes les dan más importancia a unas personas, y las tratan mejor que a otras, están pecando y desobedeciendo la ley de Dios"* (TLA).

Hay que conocer para amar

En esta sección veremos el valor de las relaciones en nuestro ministerio.

Muchas veces es en las relaciones sociales en donde tenemos más dificultades. Una de las razones por que existen problemas, es justamente porque no conocemos del todo bien a estas personas, y rápidamente juzgamos lo que hacen, ignorando lo que estas personas están pasando en su vida.

Un ejemplo podría pasar en un grupo de jóvenes, dónde conocemos a todos pero no somos amigos cercanos. Cuando realizamos una actividad juntos no es fácil ser pacientes, tolentes y demostrarles amor, porque no les conocemos en realidad. Como líderes juveniles estamos conscientes que nuestro servicio lo hacemos para Dios, pero por estar tan ocupados en buscar hacer las cosas con excelencia para Dios, se nos olvida compartir, enseñar y amar a nuestro equipo de trabajo. Quizás podemos lograr muchas cosas en el ministerio, pero lo más importante es preguntarnos ¿cómo hemos alcanzado esos logros? Lo más importante para Dios y lo que alegra su corazón es que sus hijos e hijas sirvan juntos en armonía (Salmos 133:1).

"Todas las personas están igualmente perdidas, pero no todas las personas están igualmente necesitadas" (Fred Markhert).

Redes sociales y relaciones sociales

Para finalizar veremos cómo aprovechar las redes sociales

Hoy muchos manejamos relaciones por medio de las "redes sociales", lo cuál nos permite desarrollar un tipo de relación con nuestro prójimo que puede ayudar o destruir la verdadera amistad.

Como líderes necesitamos estar atentos a esta situación porque nuestros jóvenes también están involucrados. Debemos tener cuidado de lo que publicamos en las redes sociales, porque de lo que sale de nosotros es de lo que está lleno nuestro corazón (Mateo 12:34).

Lección 6 - Relación con el prójimo

*Un servicio de **red social** es un medio de comunicación social que permite establecer contacto con otras personas por medio de la Web. Para 2015 las 3 mas utilizadas en orden de importancia eran Facebook, YouTube y WhatsApp.*

Si nuestras publicaciones son de bendición para nosotros podemos asegurar que bendeciremos a muchas personas, y hasta podríamos salvar vidas con tan solo un mensaje, imagen, canción, etc. A todos nos ha pasado más de alguna vez, que nos hemos encontrado en estas redes sociales con mensajes motivadores, justo cuando más lo necesitábamos. Así que también nosotros podemos demostrar nuestro amor hacia los "ciber-prójimos", porque aunque en algunos casos no sepamos quiénes son, lo haremos con la intensión de bendecir a otro, como lo han hecho con nosotros.

También es importante señalar que las mejores relaciones son aquellas que se cultivan cara a cara. Las redes sociales no dederían ser un sustituto de estar juntos, vernos, darnos un abrazo, demostrándonos el cariño como hermanas y hermanos, amigos en Cristo Jesús.

En Romanos 13:8 dice: *"No le deban nada a nadie. La única deuda que deben tener es la de amarse unos a otros. El que ama a los demás ya ha cumplido con todo lo que la ley exige."* Aunque no nos sea fácil demostrar ese amor hacia los demás recordemos que todos los días recibimos del Padre Celestial un amor mayor al que nosotros podremos llegar a dar.

¿QUÉ APRENDIMOS?

El amor a Dios lleva aparejado el amor al prójimo. Es importante desarrollar relaciones profundas de amistad en el ministerio juvenil. Cuando mas conozcamos a las personas será más fácil amarles, ser pacientes y tolerantes con ellos. El líder juvenil debe cuidar y conocer a su equipo, conocer sus necesidades para saber cómo servirles mejor.

Actividades

Tiempo 20'

INSTRUCCIONES:

1. Esta actividad es para toda la clase. Escriba cada uno tres cosas acerca de sí mismo en una hoja de papel. Luego cada uno arruga su hoja formando una pelota y las ponen todas juntas en un recipiente. Cada alumno escogerá una pelota e intentará decir a quién pertenece. Si no acierta intentará con otro u otra persona, hasta que dé con la correcta. Al terminar dirán algo nuevo que aprendieron de su compañero o compañera y cómo esto les ayudará a ser mejores amigos.

2. Actividad para toda la clase o para grupos no mayores a 8 estudiantes. (Mezclar hombres y mujeres). Imaginen que están en un naufragio. Apenas han conseguido llegar a una isla donde tendrán que pasar tres años de su vida, sin salir de allí. Vivirán en estas condiciones:

- La isla mide veinte kilómetros cuadrados que están repartidos en cuatro zonas de iguales dimensiones, ocupando cada una un 25 por ciento del territorio: un lago con peces, tierra de cultivo, un bosque salvaje, un terreno sin cultivar.

- El clima del lugar es caluroso, con una temperatura constante de 30º C durante el día y 20º C durante la noche. Sólo llueve 30 días al año. Las únicas personas con la que se relacionarán, durante su estancia en la isla, serán los propios miembros del grupo.

- Podrán salvar y llevar entre todos solo 3 objetos. De los 36 que hay en el barco. podremos rescatar 3. Tienen que ponerse de acuerdo entre todo el grupo para decidir los tres objetos de la lista que van a llevar

Lista de objetos diponibles:

1. Un equipo completo de pesca
2. Dos palas y dos picos de jardinería
3. Tres raquetas de tenis y veinte pelotas
4. Dos guitarras
5. Veinte pastillas de jabón
6. El cuadro de la Gioconda
7. Diez películas y un proyector de baterías
8. Una mochila para cada persona del grupo
9. Cien rollos de papel higiénico
10. Una vaca y un toro
11. Cien cajas de conservas surtidas
12. Cien libros de literatura clásica
13. Cien botellas de bebidas alcohólicas
14. Un Jeep nuevo
15. Una barca de remos
16. Diez barras metálicas

17. *Cien cajas de cerillos*
18. *Un caballo de seis años*
19. *Una buena cantidad de penicilina*
20. *Cien paquetes de tabaco*
21. *Tres barajas de cartas*
22. *Un gato siamés*
23. *Artículos de tocador y de belleza*
24. *Semillas de diversas clases*
25. *Una máquina de escribir*
26. *Cinco armarios llenos de ropa*
27. *Veinticinco fotografías de personas queridas*
28. *Cinco mil hojas de papel para escribir*
29. *Un fusil y cien balas*
30. *Un equipo de pinturas al óleo y treinta tubos de recambio*
31. *Cien discos y un tocadiscos de baterías*
32. *Un Cadillac y cuatro mil litros de gasolina*
33. *Material para hacer un reportaje fotográfico*
34. *Dos tiendas de campaña de tres ambientes cada una*
35. *Tres camas muy grandes*
36. *Una batería de cocina*

3. Escriba un mensaje positivo para enviar en su teléfono móvil y publicar en cualquiera de las redes sociales. Si tiene un teléfono envíelo.

Lección 7

Involucrando a otros en la aventura

Objetivos

- Comprender que Dios revela su plan mediante una relación personal.
- Tomar conciencia de que este plan requiere un involucramiento personal.
- Tomar un compromiso activo con dicho plan en el presente y en el futuro.

Ideas Principales

- El plan de Dios para cada uno de sus hijos e hijas les lleva a vivir una vida de aventura.
- Para poder involucrar a otros en la aventura de la vida cristiana es necesario modelar un estilo de vida que marque la diferencia e influencie a otros.
- El involucramiento se demuestra en acciones que relacionan la fe con la aventura de la vida diaria y la expectativa del futuro en Dios.

Félix Baumgartner nació en Austria en 1969 exmilitar, paracaidista y un saltador BASE. El 14 de octubre de 2012 batió tres récords históricos al lanzarse en caída libre desde los 38.969,3 metros de altura, después de haber ascendido en globo tripulado a la estratósfera, alcanzando una velocidad máxima de 1357,64 km/h.

El record de Baumgartner fue superado por el vicepresidente de Google, Alan Eustace, de 57 años, el 24 de octubre de 2014, saltando desde 41.425 metros, logrando alcanzar una velocidad máxima de 1.322 km/h, rompiendo la barrera del sonido, aunque no superó la velocidad del récord de Baumgartner.

Introducción

Vestido con un traje espacial Félix Baumgartner se convirtió, el 14 de octubre de 2012, en el primer hombre en romper la barrera del sonido, su salto desde 39 kilómetros de altura desde la estratósfera cambió su vida. Este salto se describió como "el aterrizaje en la luna de la generación joven". Su intrepidez fue seguida por millones de personas en todo el mundo desde las redes sociales.

Cuando pensamos en aventura, pensamos en experiencias que conllevan generalmente un riesgo y que normalmente se alimentan de eventos inesperados. Félix Baumgartner es sin duda una persona que en los últimos años lo ha ejemplificado. En las lecciones de éste libro hemos estado aprendiendo sobre ¿cuál es la aventura más grande en la que un ser humano puede involucrarse? Dicha aventura, va más allá al de un salto desde 38.969,3 metros de altura como la de Baumgartner. Vamos a dar en esta lección un paso más para comprender ¿cómo podemos involucrar a otros a esta aventura?

Conectándonos con Dios

En la sección siguiente vamos a ver cómo Dios se reveló a Noé y cuál fue su respuesta.

La Biblia está llena de historias de hombres que se conectaron con el Dios de las aventuras y permitieron que Su plan se cumpliera a través de sus vidas. Un hombre que protagonizó una de las historias más increíbles de la Biblia al conectarse con Dios fue Noé.

Todos conocemos la historia de Noé, y lo que obedecer a Dios significó para él. *"Noé, era un hombre justo y honrado entre su gente. Siempre anduvo fielmente con Dios"* (Génesis 6:8). La Biblia dice que la maldad de los hombres era mucha en la tierra y que trajo tanto dolor al corazón de Dios, que tomó la decisión de eliminar de la tierra al ser humano. Fue la relación con Dios lo que marcó la diferencia en la vida de Noé, con una magnitud tal que Dios lo incluyó en sus planes para preservar a la raza humana.

De la revelación de Dios y la relación de Noé con Dios se pueden considerar 5 aspectos importantes:

1) Una persona puede marcar la diferencia en su medio. *"Pero contaba con el favor del Señor"* (Génesis 6:8) y también dice: *"Noé, era un hombre justo y honrado entre su gente. Siempre anduvo fielmente con Dios"* (Génesis 6:9).

2) Dios establece un plan claro para la vida de la persona y la involucra en el cumplimiento de sus propósitos. *"Pero contigo estableceré mi pacto, y entrarán en el arca tu y tus hijos, tu esposa y tus nueras. Haz que entre en el arca una pareja de todos los seres vivientes, es decir, un macho y una hembra de cada especie, para que sobrevivan contigo"* (Génesis 6:18-19, ver tambien vrs. 20-22).

3) El alcance del plan divino va más allá de la vida de la persona llegando a impactar la vida de otros (Génesis 6:18).

4) La relación entre la persona y Dios es dinámica, continua y marca un estilo de vida *"... caminó Noé con Dios"* (Génesis 6:9 RVR 1995).

5) Dios lleva a sus hijos e hijas a dar un salto de fe, donde no son guiados por las razón, sino por la fe. Esto significa que Dios nos lleva a aceptar desafíos que van más allá del estado natural o tradicional de las cosas. *"Y Noé hizo todo según lo que Dios le había mandado"* (Génesis 6:22).

Un estilo de vida que influencia a otros

En esta sección veremos cómo nuestra conducta y estilo de vida impactan en otros.

El segundo aspecto importante que se debe considerar en el desafío de involucrar a otros a la aventura, es modelar un estilo de vida que influencie a los demás. Albert Einstein dijo *"Dar el ejemplo es la única manera de influir en los demás"*. Para ello, es importante definir cuál debe ser la base o punto de referencia sobre el cual construirlo. Noé definió su estilo de vida, de acuerdo con la relación estrecha que tenía con Dios, la Biblia nos dice que *"Siempre anduvo fielmente con Dios"* (Génesis 6:9), por lo que entendemos que no solo compartían el sentido de dirección y visión, sino que tambien disfrutaban de una comunión íntima y continua.

La condición moral de Noé, contrastaba con la de toda su generación, su vida se distinguía por su fidelidad y conformidad a la voluntad de Dios. En su vida se evidencian características que más adelante Jesús mencionó en el "sermón del monte" enseñando acerca de las cualidades morales de los hijos e hijas de Dios. Jesús dijo que el tipo de influencia que un cristiano debe ejercer en el mundo debe ser como la sal, algo así como un desinfectante

"Dios lleva a sus hijos e hijas a dar un salto de fe, donde no son guiados por la razón, sino por la fe."

Hay unas 250 leyendas acerca del diluvio universal en diferentes culturas alrededor del mundo, la mayoría muy semejantes al relato del libro de Génesis.

¿Cómo te sentirías si fueras el único cristiano en todo el mundo? ¿Tendrías el valor de comprometerte en el plan de Dios, cueste lo que cueste?

moral en un mundo donde las normas morales son bajas, están en constante cambio o no existen. Tambien debe ser luz, siendo una manifestación externa visible de la fe, específicamente haciendo buenas obras (Mateo 5:13-16).

Otro elemento importante para poder influenciar y guiar correctamente a otros, es tener claridad en la meta hacia la cual apuntar. Noé recibió de parte de Dios instrucciones precisas y específicas de la construcción del arca, las cuales siguió al pie de la letra (Génesis 6:22). Aunque la Biblia no da detalles del proceso de construcción, es evidente que su familia, quienes finalmente se convirtieron en su equipo de trabajo, jugó un papel importante para cumplir la misión que Dios le había designado. La construcción del arca se desarrolló en un período aproximado de 120 años; seguramente Noé no hubiera podido cumplir con los tiempos y los requerimientos técnicos, haciendo el trabajo solo y sin tener un plan claro y específico al cual seguir.

Compromiso y acción

En esta sección veremos cómo adoptar un compromiso con Dios y ponerse en acción.

Noé es llamado un hombre justo, es decir, su vida se caracterizaba por la obediencia a Dios y su preocupación por la humanidad. Y se dice que era perfecto, porque se consideraba íntegro en su lealtad, orientado hacia un blanco definido e inspirado por una pasión predominante.

De acuerdo con lo anterior, el compromiso que manifestó Noé con la misión encomendada fue el reflejo de su lealtad y obediencia a Dios. Y fue su pasión y tenacidad en la meta, su inspiración para actuar.

Por otra parte, vemos a través de la historia de Noé a un Dios que se conecta con el hombre y establece un pacto con él. Desde el principio Dios se revela como un Dios salvador, donde el hombre es el objeto de su principal preocupación y donde aún sus juicios más severos no están exentos de una oportunidad de salvación.

Nuestro compromiso debe definirse en torno a estas dos interrogantes:

1) Si nuestra existencia humana es parte del plan salvador de Dios, el cual mostró su amor y misericordia utilizando la vida de Noé y su familia para preservarnos, y posteriormente nos muestra el acto de amor más grande de la historia dando a su Hijo Jesucristo como sacrificio vivo para proveernos la vida eterna, ¿cuál debe ser nuestra respuesta hacia este Dios salvador?

2) Si estamos claros de la importancia de nuestra conexión con este Dios salvador, y nuestro caminar debe estar alineado a sus pasos, ¿cuál debe ser nuestra acción con respecto a los demás?

"Noé confió en Dios y, por eso, cuando Dios le avisó que sucederían cosas que todavía no podían verse, obedeció y construyó una casa flotante para salvar a su familia. Por su confianza en Dios, Noé recibió las bendiciones que Dios da a todos los que lo obedecen. También por su confianza en Dios, Noé hizo que la gente de este mundo fuera condenada" (Hebreos 11:7 TLA).

El compromiso adoptado por Noé al construir el arca, se tradujo en acciones que implicaron esfuerzo, sacrificio, tiempo, recursos y mucha fe. Finalmente, ¿qué acciones están demostrando nuestro compromiso con Dios y su obra?

De acuerdo con el Nuevo Testamento: *"Por la fe Noé, advertido sobre cosas que aún no se veían, con temor reverente construyó un arca para salvar a su familia. Por esa fe condenó al mundo y llegó a ser heredero de la justicia que viene por la fe"* (Hebreos 11:7). Indudablemente su fe influenció en el involucramiento de su familia en el plan salvífico de Dios para sus vidas, entendiendo que es Dios quien toma la iniciativa y se acerca a la persona con el fin de proveerle el perdón de los pecados y la salvación dando además un sentido y propósito a la vida. Esto lo hizo entregando a su Hijo en la cruz por amor a todos.

Seamos diferentes y hagamos la diferencia en nuestra familia, amigos y el mundo al igual que Noé, pero mejor aun siendo como Cristo en su amor y entrega por otros.

Si queremos involucrar a otros en la aventura de la vida y el servicio cristianos, debemos empezar conectándolos con Dios y conectándonos nosotros mismos. No hay nadie que nos asegure un plan tan maravilloso, desafiante y emocionante como el Dios creador y salvador que se reveló a Noé y que lo sigue haciendo con nosotros hoy.

> *El arca de Noé medía 133 metros de largo, 23 metros de ancho y 14 metros de altura. Pesaba 13,960 toneladas. Tenía una capacidad de carga de 522 vagones de ganado de ferrocarril. Podría haber albergado 125,280 animales del tamaño de una oveja.*

¿Qué Aprendimos?

La mejor forma de influenciar a otros e involucrarlos en la vida cristiana, es a través de nuestro testimonio. Nuestro compromiso para involucrar a otros debe ser un acto que vaya en consecuencia al amor y salvación que ya hemos recibido y debe expresarse en acciones claras y concretas que impliquen esfuerzo, trabajo y pasión.

Lección 7 - Involucrando a otros en la aventura

Actividades

INSTRUCCIONES:

1. En grupos de 3 a 4 integrantes reflexionen sobre lo siguiente y luego respondan.

El arca que Noé construyó tenía la capacidad de flotar, pero no tenía timón para dirigir su rumbo hacia algún lugar. Imaginen que el arca es su vida: ¿Qué lecciones podríamos sacar de esta realidad para nuestra vida de relación con Dios?

_____

_____

_____

2. En los mismos grupos. Hagan una comparación en dos columnas. En una escriban una lista de ejemplos del estilo de vida de los jóvenes no cristianos de su comunidad y en la otra como debería ser la conducta de un joven cristiano ejemplar que es sal y luz en su entorno.

Por ejemplo: Beber cerveza - beber refrescos.

Costumbres jovenes del contexto	Conducta ejemplar del joven cristiano

3. Defina cuáles son las personas que están en sus círculos de influencia. Complete los círculos según los niveles de cercanía a usted y con quienes tiene mas influencia (los que mas le conocen). Por ejemplo, el de Mayor influencia puede ser su familia y amigos cercanos, escriba los nombres en el círculo. Puede seguir colocando a sus amigos menos cercanos, en el círculo Mediana influencia. En el círculo Poca influencia debe colocar a las personas con quienes tiene poco contacto y con quienes no tiene mucho poder de influencia.

Mayor Influencia

Poca Influencia **Mediana Influencia**

4. Haga un pacto con Dios, que implique actos de fe y obediencia. Escriba su compromiso siguiendo el siguiente orden:

a. Haga una lista de las cosas que hará en los próximos meses para que su vida sea fiel y obediente a Dios en un ciento por ciento.

b. Haga una lista de 3 cosas que hará para ser sal y luz a las personas de sus círculos de influencia.

c. Escriba el nombre de un amigo o amiga joven a que desea atraer a Jesucristo. Escriba tres pasos estratégicos que dará para hablarle de Jesucristo y guiarle a ser un discípulo o discípula de Jesús.

_____
_____
_____
_____
_____
_____
_____
_____
_____
_____
_____
_____
_____
_____
_____

Notas

Lección 8

MANTENIENDO EL FUEGO

Objetivos

- Aprender a mantener viva la pasión por seguir a Cristo.
- Reconocer la necesidad de depender de Dios siempre.
- Visualizar la vida cristiana como una aventura de por vida.

Ideas Principales

- El fuego de Dios en la vida del cristiano se mantiene por medio de una relación íntima con Él.
- La constante búsqueda de la presencia de Dios es la clave para mantener ardiendo la llama del Espíritu Santo en nuestra vida.

Introducción

Josh McDowell junto con otros líderes juveniles hicieron un estudio acerca de por qué los jóvenes dejan la iglesia al entrar a la universidad. La conclusión reveladora fue que hoy "los jóvenes cristianos están siguiendo a Jesús porque es lo mejor que se les ha presentado hasta ahora". Desde el momento en que se les presenta algo más atractivo, interesante o conveniente, los jóvenes sin convicciones seguirán tras la nueva opción.

Muchos piensan que el cristianismo es algo aburrido. Algunos jóvenes cristianos pueden pensar alguna vez que sus amigos no cristianos disfrutan la vida mejor que ellos o ellas. En esta lección vamos a considerar que la vida cristiana es una aventura por siempre, estudiaremos cómo es posible y cómo vivirla de esta manera.

Llamado de Dios versus interés personal

En la sección siguiente comprenderás que Dios desea tener una amistad contigo.

El llamado de Dios al ser humano es a seguirle (Jeffrey de León, 2002). Mateo 9:9 dice: *"Al irse de allí, Jesús vio a un hombre llamado Mateo, sentado a la mesa de recaudación de impuestos. 'Sígueme', le dijo. Mateo se levantó y lo siguió."* Sin embargo, son muchos los que en el recorrido de la vida cristiana llegan a perder de vista este llamamiento y se deslizan por otro camino. El error está en considerar más importantes otros intereses como la amistad o salir a pasear, y llegan a disfrutar la vida cristiana como un club social, sin llegar a tener un propósito claro de lo que Dios demanda de su vida. Algunos jóvenes se equivocan al pensar que su llamado más importante es predicar o cantar en un ministerio de alabanza o ser el animador de algún programa u otro deseo semejante. Seguir a Jesús implica cumplir su voluntad para nuestra vida y amarle por sobre todas las cosas, aunque "oficialmente" no tengamos un nombramiento a un ministerio y aunque muchos no noten lo que hacemos.

Por otro lado, la vida cristiana deja de vivirse en plenitud cuando comenzamos a verla como una serie de obstáculos y limitantes, es decir,

"Éxito en la vida es simplemente conocer la voluntad de Dios (para uno) y hacerla" (David Shibley).

cuando ya no encontramos deleite en hacer la voluntad de Dios, lo cual puede ser el resultado del agotamiento espiritual. Todos estamos expuestos a caer en el cansancio espiritual cuando atravesamos crisis personales, que golpean nuestro gozo y nos hacen perder la pasión por Dios. Debemos aclarar aquí que la vida cristiana requiere compromiso, pasión, entrega y negación a uno mismo, eso es incuestionable. Sin embargo, muchos jóvenes pueden llegar a pensar que ser cristiano se limita a un conjunto de limitantes, perdiendo la visión de Dios para el ser humano. Dios quiere vivir una aventura con nosotros, ¡él nos reta a hacerlo!

La llama del fuego de Dios

A continuación aprenderemos a vivir en el fuego de Dios.

¿Cómo mantener el fuego? Así como en una fogata hay maneras conocidas de mantener el fuego, también en la vida cristiana debe existir una forma de mantener viva la llama del fuego de Dios. El apóstol Pablo exhortó en cierta ocasión a su hijo en la fe, Timoteo, diciéndole: *"Por eso te recomiendo que avives la llama del don de Dios que recibiste cuando te impuse las manos"* (2 Timoteo 1:6). Nótese que estas palabras no se dirigían a un muchacho rebelde, mucho menos a un chico frío en la fe. Timoteo era un ejemplo para todos, un pastor joven que ejercía su liderazgo con rectitud, enseñaba en la congregación, hablaba con autoridad a los ricos (1 Timoteo 1:3; 6:17), y ¡hasta tenía la tarea de reprender a los ancianos! (1 Timoteo 5:1).

Al parecer este joven lo hacía todo bien, sin embargo, al igual que Timoteo, nos involucramos tanto trabajando en los ministerios de la iglesia, que comenzamos a olvidar que sobre todo lo que hacemos, hay un llamamiento supremo que nos dice "sígueme". Se nos olvida orar porque alegamos que tenemos mucho que hacer (en la escuela, la universidad, la iglesia), no leemos la Biblia porque argumentamos que no tenemos tiempo, estamos tan ocupados en otras cosas que hemos agregado a nuestra vida y que nos agotan, a tal grado de que nos olvidamos de Dios y comenzamos a perder el fuego de Dios en nuestra vida.

Lo mas grande en la vida, es vivir por aquello que seguirá valiendo siempre... ¿Qué es lo que estás haciendo ahora que será importante dentro de 100 años? (David Shibley).

Cenizas de una llama que algún día fue grande

Ahora conoceremos las causas por las que el fuego se puede apagar.

Muchos cristianos y cristianas en algún momento experimentan una frialdad en el alma, la pérdida del deseo de buscar a Dios, la falta de gozo, y hasta llegan a convertirse en "profesionales del cristianismo" (nos sabemos muy bien los sermones del pastor, nos adelantamos a una palabra que conocemos que dirá algún hermano, sabemos los coros que cantará cierta

Lección 8 - Manteniendo el fuego

> *"Si te amó cuando estabas lleno de corrupción; ¿no escuchará tus oraciones ahora que te ha hecho heredero del cielo?* (Charles Spurgeon).

> *"La oración no es para cambiar los planes de Dios. Es para confiar y descansar en Su soberana voluntad"* (Martin Lutero).

hermana, etc.), no dando lugar a que la presencia de Dios se mueva en nosotros.

Ronnie W. Floyd (1999) en su libro: ¿Cómo orar? (p. 19) dice: *"Las cuatro razones por las que los cristianos no oran son: orgullo, incredulidad, ignorancia y tiempo. El orgullo sobrestima el poder de uno mismo. La incredulidad subestima el poder de Dios. La ignorancia sobrestima la dificultad de hablar con Dios. Y el tiempo subestima el valor de estar con Dios."*

Un pastor decía: *"Los dos cultos que usted no se puede perder son el culto de oración entre semana y el servicio del día domingo"*. Su consejo era que aunque, hagamos muchas otras cosas, no debemos descuidar nuestra vida de oración, ya que es la única manera de mantener el fuego de Dios en nuestra vida.

En una congregación podemos en ocasiones escuchar testimonios de personas que hicieron grandes cosas por Dios, pero que en el tiempo presente, por motivos a veces desconocidos, perdieron ese espíritu que los caracterizaba. Algunos, en el peor de los casos, llegan a abandonar la iglesia, ceden a la tentación y dejan a un lado a Jesús.

Esto es semejante a las diferentes perspectivas que se pueden tener de un avión volando: Quienes están en la tierra y ven el avión pasar dicen: "¡Está volando alto y rápido!". Incluso podrían decir: "¡Cuán importante será la persona que va allí!". Pero no podrían darse cuenta si el avión presenta fallas durante el vuelo, o está pasando por turbulencia, o incluso si el avión está a punto de precipitarse. Solo quienes están dentro de la nave podrán darse cuenta de todo eso.

La vida del cristiano es semejante, vuela alto y rápido, cada señal parece indicar que su vida marcha bien, sin embargo, cuando se precipita nos damos cuenta de que algo andaba mal. Cuando la vida funciona en piloto automático siempre terminará en una tragedia; no importa cuán increíbles se vean las cosas por fuera. Si no tenemos una vida de oración, si perdemos los principios cuando estamos en privado, si tenemos una duplicidad de carácter… ¡debemos pedir perdón a Dios! y cambiar por nuestro bien, pues de lo contrario, tarde o temprano nuestro jet (vida cristiana) se precipitará sin avisarnos.

Mantén el fuego todos los días

En esta sección concluiremos con un llamado a mantener la pasión por Dios.

Mantener la pasión por Dios cada día requiere disciplina. Si nuestra vida no está dependiendo de Dios en oración, pronto llegaremos a creer que no necesitamos la soberanía de Dios. ¡Mucho cuidado, mantengamosnos alertas cada día, Dios está con nosotros, él lo prometió! (Mateo 28:19). No permitamos que las distracciones diarias opaquen nuestra relación con Dios.

La siguiente anécdota del Dr. George Truett revela la vida de un hombre que mantuvo el fuego ardiendo en su vida hasta el último momento: Un día antes que muriera el Dr. George Truett, su esposa salió de su cuarto del hospital un momento y regresó con una amiga que había ido a visitarlo. Al no encontrarlo en la cama, lo buscaron y lo encontraron junto a una ventana muy grande, arrodillado y con los brazos extendidos hacia la ciudad de Dallas. Él había sido el pastor de la primera Iglesia Bautista por 50 años; ahora con llanto y gemidos decía: "¡Oh, pueblo de Dallas, ¿por qué no aceptas a Cristo?!" (Citado por R. Floyd, 1999).

"No olvides orar hoy porque Dios no olvidó despertarte esta mañana" (Oswald Chambers).

El Señor desea mantener una relación personal con cada uno de nosotros. Quiere que esta constituya el aspecto más profundo, trascendental, satisfactorio y gratificante de nuestra vida. Eso no significa que Dios se proponga restar valor a las demás relaciones y actividades que nos ocupan y que consideramos importantes. Todo lo contrario: Él quiere formar parte de ellas. Pretende facilitarnos la vida cotidiana, dar un nuevo sentido a nuestras vivencias, y además disfrutar de ellas al lado nuestro. En resumidas cuentas, quiere realzar nuestra existencia y añadir toda una nueva dimensión a cuanto hacemos por medio de Su amorosa presencia.

Para orar podemos seguir los pasos del Dr. R. Floyd con la técnica G.R.A.C.I.A. A continuación la presentamos:

"Si ustedes creen, recibirán todo lo que pidan en oración" (Mateo 21:22).

Lección 8 - Manteniendo el fuego

¿Es posible hacer discípulos para Cristo sin ser llenos del Espíritu Santo? Según Hechos 1:8 Jesús dijo: "Pero quiero que sepan que el Espíritu Santo vendrá sobre ustedes, y que recibirán poder para hablar de mí en Jerusalén, en todo el territorio de Judea y de Samaria, y también en los lugares más lejanos del mundo."

Glorifica tu nombre: pida a Dios que reciba todo el crédito por su vida y su servicio.

Renueva mi pasión: solicite al Señor que le llene cada día más de amor hacia Él y su obra.

Acepta mi arrepentimiento: nombre puntualmente aquello que sabe que es desagradable a los ojos de Dios en su vida y pídale mayor dominio propio para erradicar este pecado definitivamente.

Cuida del que sufre: nombre a los que necesitan sanidad física, emocional o espiritual. Pida a Dios que los ayude y que le utilice a usted si fuera necesario.

Inúndame con tu presencia: pídale al Padre que le llene de la plenitud del Espíritu Santo y de la fe en Jesucristo

Autoriza en mí tu Palabra: pida al Creador que haga sus palabras verdaderas en su vida, para que pueda predicar en su nombre y que sus milagros tomen lugar en su ministerio.

¿Qué Aprendimos?

La oración es la clave para mantener el fuego de Dios en nuestra vida. La vida privada del joven cristiano debe estar acorde a lo que es en público.

Actividades

INSTRUCCIONES:

1. ¿Ha tenido problemas al orar? Señale en la siguiente lista qué inconvenientes ha tenido:

__ Interrupciones (llamadas de teléfono, niños, otros).

__ Me quedo sin palabras, apenas comienzo a orar.

__ Siento que repito siempre lo mismo.

__ Cuando oro me pongo a pensar en las cosas que tengo que hacer.

2. Cuando tenemos problemas para concentrarnos en la oración lo recomendable es escribir una lista de temas para orar. Escriba en las siguientes columnas los temas que le gustaría presentar a Dios.

Adoración y agradecimiento	Peticiones por mi/mi familia	Peticiones por mi iglesia/ comunidad

3. En esta lección hemos estudiado que necesitamos mantener el fuego del Espíritu Santo ardiendo en nuestra vida. Escriba una lista de metas, cosas que va a hacer o cosas que necesita que Dios haga en su vida y que luego presentará a Dios en oración, para que avive el fuego del Espíritu en su vida.

Conforme vaya obteniendo respuestas es bueno llevar un registro escrito y así poder observar como Dios está respondiendo. Algunas respuestas pueden tardar, por eso hay que ser paciente y perseverante, otras pueden tener una respuesta inmediata.

Mi lista de metas para avivar el fuego del Espíritu en mi vida:

_____
_____
_____
_____
_____

Notas

Evaluación Final

CURSO: LA AVENTURA DE MI VIDA

Nombre del alumno/a: _____
Iglesia o centro donde estudia: _____
Distrito: _____
Profesor/a del curso: _____
Fecha de esta evaluación: _____

1. Escriba dos razones por las que la vida cristiana es una aventura para usted.

_____
_____
_____
_____
_____

2. ¿Cuál es la clave para estar motivado y entusiasmado en la vida cristiana?

_____
_____
_____

3. ¿Qué le diría a un joven que piensa que la vida cristiana es aburrida?

_____
_____
_____
_____
_____

4. ¿Qué aprendió en la practica ministerial del curso?

_____
_____
_____
_____

5. En su opinión ¿Cómo se podría mejorar este curso?

_____
_____
_____
_____

Bibliografía

Libros y conferencias:

Carro, D., Poe, J. T., Zorzoli, R. O. *Comentario bíblico Mundo Hispano: Gálatas, Efesios, Filipenses, Colosenses y Filemón* (primera edición). Editorial Mundo Hispano; El Paso, TX: 1993.

De Leon, Jeffrey D. *Soy Líder de Jóvenes y ahora ¿Quién podrá ayudarme?* Miami, Fl. EE.UU: Unilit, 2002.

Floyd, Ronnie W. *¿Como orar?* Arkansas, USA: Thomas Nelson Incorporated, 1999.

Hambrick, J. *Move towards the mess: the ultimate fix for a boring christian life.* Colorado Springs, CO: David C. Cook, 2016.

Hedriksen, W. *Comentario al Nuevo Testamento: Gálatas.* Grand Rapids, MI: Libros Desafío, 2005.

Lewis, C. S. *Las crónicas de Narnia: el león, la bruja y el ropero.* Londres, ING: Geoffrey Bless, 1950.

Lum, Ada. *Jesús, el radical.* Buenos Aires: Certeza, 1976.

McDowell, Josh. *Es Bueno o es malo.* TX. EE.UU: Mundo Hispano. 1996.

Taylor, R. S., Grider, J.K., Taylor, W.H. *Diccionario Teológico Beacon.* Kansas City, MI: CNP, 1995.

Páginas web:

DeustunLan. Centro de Inserción laboral. *Dinámicas de grupo.*
Consultado 16 de noviembre 2013 de:
www.publicaciones.deusto.es/servlet/BlobServer/1.pdf

Diccionario Internacional.com. *Reenfoque.* Consultado 17 de febrero de 2016 de:
http://diccionario-internacional.com/definitions/?spanish_word=refocus

Hamaker, Trevor. *Breaking out of the boring christian life.* Recuperado 2 de junio de 2016 de: http://www.varsityfaith.com/2015/02/breaking-out-of-boring-christian-life.html

Real Academia Española (2012). Diccionario 22a Edición. *Carácter.* Recuperado 31 de octubre de 2014 de: http://lema.rae.es/drae/val=carácter

REDES Real academia española. *Antídoto.* Consultado 23 de febrero de 2017 de http://dle.rae.es/?id=2rQgOV6

Revista hispana para el análisis de redes sociales. Vol.IV, #3, jun. 2003
Consultado 18 de noviembre de 2013 de: http://revista-redes.rediris.es

Universidad del País Pasco. Euskal Herrico Unibersitatea. *Relaciones Interpersonales.* Consultado 09 de noviembre 2013 de: www.ehu.es/xabier.zupiria/liburuak/relacion/1.pdf
Wikipedia. *Aventura.* Consultado 23 de febrero de 2017 de https://www.google.com/webhp?sourceid=chrome-instant&ion=1&espv=2&ie=UTF-8#q=aventura+diccionario&*

Wikipedia. *C.S . Lewis.* Consultado 23 de febrero de 2017 de: https://es.wikipedia.org/wiki/C._S._Lewis

Wikipedia. *Esperanza.* Consultado 3 de marzo 2017 de: https://es.wikipedia.org/wiki/Esperanza

Wikipedia. *Félix Baumgartner.* Consultado 15 de marzo 2017 de: https://es.wikipedia.org/wiki/Felix_Baumgartner

Wikipedia. *Personalidad.* Consultado 3 de marzo 2017 de: https://es.wikipedia.org/wiki/Personalidad

www.ingramcontent.com/pod-product-compliance
Lightning Source LLC
Chambersburg PA
CBHW080941040426
42444CB00015B/3405